Kirsten Boie · Jesper Juul · Katharina Saalfrank
WAS TUN, WENN DER HAMSTER DEN LÖFFEL ABGIBT?

Kirsten Boie · Jesper Juul · Katharina Saalfrank

WAS TUN, WENN DER HAMSTER DEN LÖFFEL ABGIBT?

60 Elternfragen
beantwortet vom Familientrio

Dieses Buch ist auch als E-Book erhältlich
ISBN: 978-3-407-86432-1

www.beltz.de · 1. Auflage 2016 · © 2016 Beltz Verlag, Weinheim und
Basel Umschlaggestaltung: www.anjagrimmgestaltung.de, Stephan
Engelke (Beratung) · Umschlagabbildung und Abbildungen Innenteil:
© Thomas Kappes · Foto K. Boie: © Reto Klar, Foto J. Juul: © Anja Kring,
Foto K. Saalfrank: © picture-alliance/dpa/Hanschke · Satz & Typografie:
Antje Birkholz · Druck und Bindung: Beltz Bad Langensalza GmbH,
Bad Langensalza · Printed in Germany · ISBN 978-3-407-86431-4

INHALT

Vorwort 7

FRAGEN DES LEBENS 11

LOVE ME TENDER 39

ERLAUBEN ODER NICHT? 67

ANSICHTSSACHE 95

MUSS ICH MEIN KIND BESCHÜTZEN? 119

GRENZKONTROLLE 141

CHEFDIPLOMATIE 165

DAUERBRENNER 191

Das Familientrio 218

Vorwort

Ein bisschen paradox ist es schon: Auf der einen Seite haben Eltern viele Fragen in Bezug auf ihr Kind, auf der anderen Seite bekommen sie häufig Antworten, um die sie gar nicht gebeten haben. Die beste Freundin und der Opa, aber auch der Mann, der hinter einem an der Kasse im Supermarkt steht: Sie alle haben die »besten« Tipps im Umgang mit dem Kind. Auch wenn sie häufig gar nicht um ihre Einschätzung gefragt wurden. Bestimmt ist das nett gemeint und kann durchaus hilfreich sein. Manchmal aber werden die Fragen durch zu viele beliebige Antworten nur größer.

Die eine richtige Antwort wird es auf die wenigsten Probleme im Leben von uns Menschen geben. Doch die passende Antwort dürfte wohl immer die sein, die sich für die jeweilige Familie richtig anfühlt. Bleibt die Frage: Was kann auf dem Weg dahin helfen?

Als die Süddeutsche Zeitung im Herbst 2014 ihre Samstagsausgabe überarbeitete, war von Anfang an klar, dass künftig auch Familienthemen einen festen Platz im Blatt haben sollten. Um die Lebenswelt von Müttern und Vätern bestmöglich abbilden zu können, entstand die Idee, jede Woche echte Leserfragen in der Zeitung zu beantworten.

Gesucht wurden dafür Erziehungsexperten, die sich mit

solchen Themen berufsbedingt ausgiebig beschäftigen. Doch über den Profi hinaus wollten wir vor allem den Rat von Menschen, die sich als Mutter oder Vater die eine oder andere dieser Fragen schon selbst gestellt haben könnten. Uns ging es darum, eine ähnliche Situation zu schaffen wie die, die entsteht, wenn man mit einem Freund bei einem Glas Wein am Küchentisch sitzt und Alltagssorgen bespricht (und in diesem Fall mit einem Freund, der wirklich weiß, von was er spricht).

Weil ein Experte immer auch nur eine Antwort geben kann, dürfen in der Süddeutschen Zeitung jeden Samstag gleich drei Experten die Fragen der Leser beantworten. Mit drei individuellen Stimmen, drei eigenen Meinungen, drei unterschiedlichen Biografien. Aus diesen Fragen und Antworten entstand das vorliegende Buch.

Jesper Juul ist ein dänischer Familientherapeut und Autor zahlreicher internationaler Bestseller zum Thema Erziehung und Familie sowie Leiter der Familienwerkstätten »familylab«. Katharina Saalfrank ist Pädagogin und Musiktherapeutin, sie wurde durch die Sendung »Die Supernanny« bekannt und arbeitet heute in ihrer eigenen Praxis in Berlin. Zudem ergänzt die Schriftstellerin Kirsten Boie das »Familientrio«, die mehr als hundert Kinder- und Jugendbücher verfasst hat, darunter die Geschichten »aus dem Möwenweg« oder die Abenteuer des kleinen »Ritter Trenk« und die »Juli«-Bücher mit Jutta Bauer.

Das »Familientrio« kommt gut bei den Lesern an, jede Woche erreichen uns zahlreiche Fragen: Wie soll ich mit meiner Vierjährigen umgehen, die so wahnsinnig schüchtern ist? Muss ich der Kinder wegen wirklich einen Fahrradhelm tragen? Und wie bekomme ich Jugendliche weg vom Handy und die Verwandtschaft dazu, an Weihnachten weniger Geschenke zu schicken?

Aber auch Fragen in Sachen Partnerschaft trudeln ein: Da ist der Freund, der seine Frau betrügt, die Frau, die auch mal ohne Partner in den Urlaub fahren will, und der Ex-Mann, der sich nicht um seine Kinder kümmert.

Kirsten Boie, Jesper Juul und Katharina Saalfrank haben es nicht leicht: Die Fragen sind oft sehr komplex und der dafür vorgesehene Platz leider begrenzt. Manchmal haben alle drei viel zu sagen, manchmal fällt die Antwort knapp aus. Manchmal sind sich alle drei einig (sie sprechen sich natürlich nicht ab), manchmal liegen uns drei Antworten vor, die unterschiedlicher nicht sein könnten. Manchmal ist die Antwort klar, manchmal sind es nur Denkanstöße.

Vielleicht werden Sie sich die eine oder andere Frage in diesem Buch auch stellen oder schon gestellt haben. Und im besten Fall finden Sie in den Antworten das, was Ihnen bei der Suche nach Ihrer Wahrheit hilft. Ansonsten: Fragen Sie doch einfach die drei vom »Familientrio« und schicken Sie uns Ihre Frage per E-Mail an: familientrio@sueddeutsche.de

Viel Freude bei der Lektüre!
Julia Rothhaas
Süddeutsche Zeitung

*»Die eine Wahrheit
gibt es nur
in unseren Köpfen!«*
Jesper Juul

FRAGEN DES LEBENS

Unser Hamster hat vermutlich Krebs, ein unschönes Geschwür hängt an seinem Hinterteil. Jetzt wollen die Kinder zum Tierarzt. Ich finde es irre, bei so einem kleinen Tier die Lebenserwartung medizinisch zu verlängern, zumal das ja auch Geld kostet. **DARF ICH DEN BESUCH BEIM TIERARZT VERBIETEN?** *Tobias A.*

Wenn Ihr Budget es irgendwie erlaubt, plädiere ich für einen Besuch beim Tierarzt. Ihre Kinder könnten sich ja auch mit ihrem Taschengeld etwas an den Kosten beteiligen. Für die Kinder ist der Hamster ein Familienmitglied: »Das ist unser Hamster, er ist krank, und nur weil es Geld kostet, geht Papa nicht mit ihm zum Arzt!« Nein, natürlich werden Ihre Kinder deshalb nicht gleich glauben, auch wenn sie selbst krank wären, würden Sie zuerst finanzielle Erwägungen anstellen. Aber sie würden doch lernen, dass Geld wichtiger ist, als jemandem, den man liebt (und die Kinder lieben ihren Hamster!), zu helfen. Auch das Wissen, dass es überall auf der Welt Millionen Menschen gibt, die nicht so eine gute medizinische Versorgung erwarten können wie dieser kleine Hamster (ein Thema, dass bestimmt so manchem im Wartezimmer beim Tierarzt durch den Kopf geht), entkräftet das nicht. Nutzen Sie die Gelegenheit, zwar alles für den Hamster zu tun, was möglich ist, aber den Kindern gleichzeitig zu erzählen, dass viele Menschen keine vergleichbaren Möglichkeiten haben, um sich medizinisch behandeln zu lassen. Ich bin mir ganz sicher, dass Ihre Kinder sich nicht nur in Ihrem positiven Papa-Bild bestärkt fühlen werden, sondern gleichzeitig – klar, das klingt jetzt etwas pathetisch! – sogar ein bisschen mehr Menschlichkeit von Ihnen lernen werden.

Ich finde, Sie sollten in diesem Fall Ihrer eigenen Logik folgen und die Wut und die Enttäuschung Ihrer Kinder mutig riskieren. Bleiben Sie sich treu.

Ob die Lebenserwartung des Hamsters durch eine medizinische Maßnahme beim Tierarzt tatsächlich verlängert wird, erscheint mir bei dem, was Sie beschreiben, noch gar nicht so klar zu sein. Aber was stört Sie denn wirklich an dieser Situation? Wenn Sie mich fragen: Ich meine, dass Sie Verantwortung für ein Lebewesen übernommen haben. Egal wie groß oder klein dieses Lebewesen auch ist, Ihre Verantwortung verändert sich dadurch in meinen Augen nicht. Offensichtlich ist das Tier krank. Das heißt, Sie – als Verantwortlicher – sollten sich um den Hamster kümmern und schauen, was das kleine Tier jetzt braucht. Ihre Kinder scheinen hier die Verantwortung stärker als Sie selbst zu spüren. Natürlich können Sie den Besuch beim Tierarzt verbieten. Die Botschaft an Ihre Kinder ist dann jedoch: Unser Familienhamster ist es nicht wert, dass man ihm hilft. Das sollten Sie sich, bevor Sie eine Entscheidung fällen, klarmachen. Wenn Sie beim Tierarzt sind, wird dieser sicher ohnehin mit Ihnen besprechen, was im Sinne des Tierchens ist.

Mein Mann hat mit seiner Ex-Frau bereits einen Sohn. Bald nachdem wir ein Paar wurden, bekamen wir auch noch ein Kind. Der Sohn meines Mannes wohnt jede zweite Woche bei uns, wir verstehen uns gut und haben ein enges Verhältnis. Doch neulich stellte er mir plötzlich, ohne dass etwas vorgefallen wäre, die Frage, ob ich das eigene Kind lieber mag als ihn, den Sohn meines Mannes. Was soll ich darauf sagen? **KANN MAN DIE LIEBE ZWISCHEN EIGENEM KIND UND STIEFKIND VERGLEICHEN?** *Michaela K.*

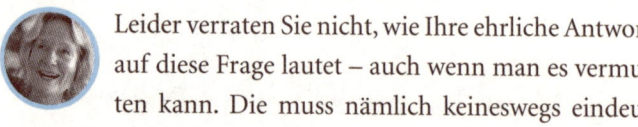

Leider verraten Sie nicht, wie Ihre ehrliche Antwort auf diese Frage lautet – auch wenn man es vermuten kann. Die muss nämlich keineswegs eindeutig sein! Nachdem Ihr Stiefsohn auch bei Ihnen und seinem Vater aufwächst und Sie nicht nur ab und zu besucht, ist die Gewissheit für ihn, dass seine Eltern ihn lieben, so ungefähr das Wichtigste auf der Welt – und Sie sind jetzt nun mal auch seine Mutter. Aber Sie können ihm schon erklären, dass man verschiedene Menschen niemals auf die gleiche Weise liebt. So lieben Sie seinen Vater zum Beispiel anders als ihn und somit auch anders als das Geschwisterkind. Bei einem kleineren Kind etwa spielt das Gefühl, es beschützen zu müssen, noch eine viel größere Rolle, das weiß er ja selbst. Und mit einem größeren Kind kann man schon viel mehr unternehmen und sich richtig vernünftig unterhalten, da entsteht noch mal eine andere Art, sich lieb zu haben. Liebhaben ist etwas sehr Kompliziertes. Vielleicht sagen Sie ihm, wie glücklich Sie sind, dass er Ihr Sohn ist, den Sie einfach so geschenkt bekommen haben, und nehmen ihn dabei ganz fest in den Arm?

Die Antwort hängt davon ab, wie Sie empfinden, und außerdem, wie alt das Kind ist. Ist Ihr Stiefsohn älter als drei Jahre, könnte ich mir vorstellen, dass Ihre Wahrheit lauten könnte: »Ich liebe euch beide, auf ganz unterschiedliche Art und Weise. Ich habe darüber ehrlich gesagt nie nachgedacht, bis du mich das jetzt gefragt hast. Also lass mich ein paar Tage darüber nachdenken und dann sprechen wir noch einmal darüber. Aber danke, dass du mich das gefragt hast.«

 Eine neue Familie ist weder für Sie, noch für Ihren Partner noch für die Kinder eine leichte Situation. Beide Seiten sind verunsichert, und eine Familie entsteht ja erst dadurch, dass sich eine Beziehung und bestenfalls auch eine emotionale Verbundenheit entwickeln. Zunächst: Patchwork ist nicht nur ein modernes Phänomen, sondern war in der Geschichte unter anderem wegen viel höherer Sterblichkeitsraten fast schon Normalität. Und dass die »Stiefkinder« dann schlechter wegkamen, ist in unzähligen Sagen und Märchen beschrieben. Nehmen Sie nur die Geschichte vom Aschenputtel. Wie ist es denn, wenn Sie in sich hineinhören? Spüren Sie eine Unsicherheit? Es ist ja überhaupt schwierig, Liebe graduell in ein mehr oder weniger einzuteilen. Jede Beziehung ist individuell und definiert sich aus der gemeinsamen Beziehungsgeschichte. Ihr leibliches Kind kennen Sie seit der ersten Minute, Ihr »Bonuskind« kam erst später dazu. Dass dieses Kind Ihnen aber offensichtlich genauso wichtig ist wie Ihr leibliches, können Sie über eine innige Beziehung sicher vermitteln. Wichtig sind dann Botschaften wie diese: Sie lieben Ihren angenommenen Sohn so, wie er ist. Und Ihr eigenes Kind ebenso.

Mein Sohn (14) hat wegen der aktuellen Weltlage Angst vor einem Krieg. Ich selbst bin auch unsicher, aber erfahrungsgemäß wird schon nichts passieren. **SOLL ICH MEINEM SOHN DIE ANGST VOR DEM KRIEG AUSREDEN?** Oder gehört sie zum Leben dazu? *Tobias F.*

Erfahrungsgemäß können wir anderen Menschen ihre Angst nicht ausreden – nicht einmal unseren Kindern. Aber zu sagen, dass Angst zum Leben dazugehört, erscheint mir fast schon grausam: Wenn Sie glauben, die Angst Ihres Sohnes zumindest ein bisschen verringern zu können, warum sollten Sie dann nicht alles dafür tun? Warum nicht häufiger mit ihm intensiv über das Thema sprechen? Mit vierzehn ist er ja in einem Alter, in dem man sich allmählich für das große Weltgeschehen zu interessieren beginnt, nicht mehr nur für die eigenen Angelegenheiten, und dass das bei Ihrem Sohn gerade passiert, ist doch schön! Ihr Argument, dass erfahrungsgemäß schon nichts passieren wird, erscheint mir allerdings ein wenig dünn; ein kluger Vierzehnjähriger wird vermutlich »Einmal ist immer das erste Mal« sagen und weiter Ängste haben. Aber es gibt für Ihre Ruhe ja mindestens ebenso viele gute politische Argumente wie für seine Angst. Und wenn Sie ihm die erläutern, natürlich ohne zu behaupten, es gebe eine Garantie für den Frieden: Könnte das seine Angst nicht vielleicht ein kleines bisschen schrumpfen lassen?

Ihre eigene Unsicherheit, aus der heraus Sie Ihre Frage stellen, ist die wertvollste Hilfe in diesem Fall. Nur weil Sie selbst zweifeln, werden Sie in der Lage sein, Ihrem Sohn wirklich zuzuhören und über eine der wichtigsten Fragen des Lebens überhaupt zu philosophieren. Gemeinsam über diese Dinge zu sprechen kann wie eine kleine Oase sein, die einem Halt gibt, Schutz und Sicherheit. Wenn solche Gedanken und Ängste Ihren Sohn in einem Jahr noch bedrücken, und zwar so sehr, dass sie ihn richtig traurig machen, sollten Sie versuchen, herauszufinden, ob andere Probleme dahinterstecken.

Angst ist ein menschliches Grundgefühl und hat auch eine wichtige schützende Funktion. Sie schärft die Wahrnehmung und lässt uns nach Informationen oder Lösungen suchen. Langjährige Entwicklungsforschung und auch Praxiserfahrungen aus der Therapie haben gezeigt, wie wesentlich es für uns Menschen ist, dass wir unsere Gefühle kennenlernen und einen Zugang zu ihnen entwickeln können. Dabei geht es nicht nur um die positiven Gefühle wie Freude, Begeisterung und die Fähigkeit, Glück zu empfinden. Wir brauchen auch Erfahrungen mit sogenannten negativen Gefühlen: Trauer, Enttäuschung, Schmerz, Wut, Aggression, und auch die Angst gehört dazu. Deshalb ist es wichtig, dass Sie mit Ihrem Sohn sprechen und sich austauschen: Erzählen Sie ihm von Ihren eigenen Gedanken, vielleicht auch von Ihrer eigenen Unsicherheit. Vielleicht sprechen Sie darüber, dass auch Sie – wie jeder – die bedrohlichen Nachrichten aus vielen Teilen der Erde beunruhigen. Gut ist auch, dann auf Ihre eigenen Lebenserfahrungen zu verweisen, dass die Welt schon immer schwierig und unruhig war – zum Beispiel in der Zeit des Kalten Krieges –, aber dass Sie persönlich in Deutschland keinen Krieg erleben mussten.

Ein Freund hat meinem Sohn (6) erzählt, dass es den Nikolaus in Wirklichkeit gar nicht gibt. Mein Sohn findet diese Behauptung lächerlich. **WAS SOLL ICH IHM SAGEN, WENN ER NACH DEM NIKOLAUS FRAGT?** Was würden Sie sagen?

Andrea H.

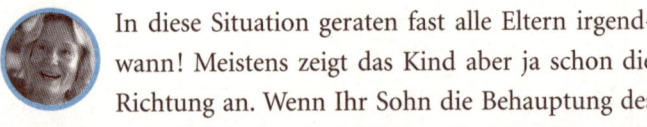 In diese Situation geraten fast alle Eltern irgendwann! Meistens zeigt das Kind aber ja schon die Richtung an. Wenn Ihr Sohn die Behauptung des Freundes lächerlich findet, dann hat er offenbar selbst noch keine Zweifel und vor allem: Er möchte noch an den Nikolaus glauben. Nach meiner Erfahrung möchten sehr viele Kinder das sogar dann noch, wenn ihr Verstand ihnen längst sagt, dass es den Nikolaus gar nicht geben kann. Lassen Sie ihn doch ruhig noch eine Weile! Allmählich wird er ganz von allein immer mehr zweifelhafte Punkte entdecken, und dann finde ich es auch an der Zeit, ihn darin zu bestätigen. Übrigens haben ja viele Eltern Skrupel, weil sie die Geschichte von Nikolaus, Weihnachtsmann, Christkind und Co. als Lüge empfinden. Stimmt ja im wörtlichen Sinne vielleicht auch. Aber in der magischen Phase der Entwicklung bringen sie für die Kinder zusätzlichen Glanz in die Weihnachtszeit. Und später amüsieren sich die »großen« Kinder meistens sehr darüber, wie der Papa oder der Opa oder Onkel Florian immer gerade dann verschwunden waren, wenn der Weihnachtsmann aufgetaucht ist. Oder darüber, dass der Nikolaus in der Kita die gleiche komische Brille getragen hat wie der Hausmeister im Rathaus.

 »Es ist so, mein lieber Sohn, dass Menschen an sehr unterschiedliche Dinge glauben können. Die eine Wahrheit gibt es nur in unseren Köpfen, und die Tatsache, dass du an den Nikolaus glaubst, macht dich nicht

zu einem besseren Menschen als die, die nicht daran glauben. Solange es den Nikolaus in deinem Kopf gibt, sei glücklich mit ihm!« Womöglich wird Ihr Sohn dann fragen, woran Sie denn selbst glauben. Sagen Sie ihm dann bitte Ihre Wahrheit, wie auch immer die aussieht.

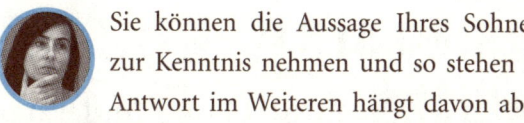 Sie können die Aussage Ihres Sohnes zunächst zur Kenntnis nehmen und so stehen lassen. Ihre Antwort im Weiteren hängt davon ab, wie Sie in Ihrer Familie grundsätzlich mit den großen und kleinen Geheimnissen in der Weihnachtszeit umgehen. An was glauben Sie? Was ist Ihre Welt? Davon können Sie erzählen. Für mich persönlich ist es grundsätzlich eine magische Zeit. Man kann mit Kindern wunderbare Rituale finden und diese Zeit voller kleiner Überraschungen gestalten. Es ist erstaunlich, dass Kinder – auch wenn sie ahnen oder sogar sicher wissen, dass Eltern die Stiefel füllen – dieses Ritual liebend gerne weiterhin mitmachen und jedes Jahr am 6. Dezember die geputzten Stiefel vor die Türen stellen. Ihre eigene Wahrheit finden Kinder zwischen dem, was wir an Bildern erzählen und vorleben.

MEIN SOHN WILL SICH AN FASCHING ALS IS-KÄMPFER VERKLEIDEN. Er ist 15 und findet das extrem lustig, Eigentlich ist er ein ganz anständiger Junge, aber das hat er sich nun in den Kopf gesetzt. Seit Wochen lässt er sogar seine spärlichen Barthaare wachsen. Meine Einsprüche kontert er mit einem genervten: »Ist doch nur ein Witz!« Ich finde das allerdings überhaupt nicht witzig. Was kann ich tun? *Christine M.*

 Das finde ich unglaublich schwierig! Für viele Probleme der Pubertät gibt es einfach – das sollten wir ruhig zugeben – keine kurzfristigen Lösungen. Jugendliche suchen in einem bestimmten Alter oft nach der größtmöglichen Provokation. Das kennen wir zum Beispiel auch von Hakenkreuzschmierereien. Eine politische Aussage steckt meistens nicht dahinter, nur der Wunsch, in einem Alter, in dem man sich unsicherer fühlt als sonst jemals im Leben, der Welt zu zeigen und sich selbst zu beweisen, dass man bei anderen Menschen heftigste Reaktionen auslösen und damit also eine Form von Kontrolle ausüben kann. Darum wird Ihr Sohn sachlichen Argumenten auch nicht aufgeschlossen sein, auf dieser Ebene lässt sich das Problem nicht lösen. Trotzdem sollen Sie natürlich Ihre Argumente vorbringen. Dass Sie ihm seine Kostümierung nicht finanzieren oder Geld für ein Faschingsfest geben, das er als IS-Kämpfer besucht, finde ich selbstverständlich. Da Sie ihn nicht einsperren können, wird er (und ein wenig vielleicht auch Sie als seine Mutter) die Reaktionen der Umwelt aushalten müssen. Vielleicht lernt er daraus etwas darüber, was tatsächlich ein Witz ist und wo die Grenzen liegen.

 Tun Sie das, was Sie ohnehin schon getan und Ihrem Sohn gesagt haben, nämlich, dass Sie ihm das nicht erlauben. Er wird Ihre Haltung vielleicht nicht respektieren, aber daran werden Sie beide wachsen – ebenso wie die Qualität Ihrer Beziehung.

 Zunächst einmal: Ihr Sohn befindet sich in einer besonderen Phase, der Pubertät, die eine weitere Zeit der Abnabelung darstellt. Dabei geht es aber auch um Abgrenzung, insofern probieren Jugendliche in diesem Alter auch Dinge aus, die für uns erst mal nicht nachvollziehbar sind. Sie schließen sich zum Beispiel Subkulturen an oder suchen klare Abgrenzung, indem sie sich äußerlich stark verändern. Ich kann nachvollziehen, dass Sie diese Faschingsidee nicht »witzig« finden. Was Sie jedoch tun können, ist, in einem ruhigen Moment mit Ihrem Sohn zu sprechen und ihm von Ihren Beweggründen gegen das Kostüm zu erzählen. Freundlich und liebevoll. Sie können sich positionieren, vielleicht erfahren Sie auch mehr über den Hintergrund seiner Idee, sich so zu verkleiden. Ich verstehe, dass Ihnen das vielleicht zu wenig erscheint. Aber auch wenn Kinder es nicht gern zugeben beziehungsweise sich manchmal auch nicht danach richten: Die Meinung und der Austausch mit ihren Eltern sind ihnen trotzdem wichtig. Sie werden es nicht zeigen, indem sie sagen: »Danke Mama, dass du mir das alles erzählt hast, jetzt verstehe ich das besser.« Also stellen Sie vielleicht Ihre Erwartungen zur Seite. Denn: Wenn Ihr Sohn hört – und im besten Falle auch zuhört –, was Sie denken und fühlen, ist das schon viel wert.

Mein Mann ist sehr religiös. Rituale wie Gebete möchte er an unseren Sohn weitergeben. Ich hingegen kann etwa mit dem Tischgebet nichts anfangen, weil ich mich dabei nicht wohlfühle. Mein Mann wirft mir vor, damit schon früh Zweifel beim Kind zu säen. Ich finde es aber wichtig, glaubwürdig zu bleiben. **WAS WÜRDEN SIE BEI UNTERSCHIEDLICHEN ANSICHTEN ÜBER RELIGIÖSE RITUALE RATEN?** *Katja E.*

Auch Ihr Mann wünscht sich vermutlich, dass Ihr Kind später einmal selbst über seinen Glauben entscheiden soll – denn ein Glaube, der nicht durch Zweifeln, Nachdenken, Prüfen gegangen, sondern einfach nur Imitation des elterlichen Glaubens ist, hat wenig Substanz. Und irgendwann wird Ihr Kind all das tun: zweifeln, nachdenken, prüfen. Vermutlich ist es dabei sogar viel freier und weniger von schlechtem Gewissen geplagt, weil es von Anfang an weiß: Jeder Mensch darf seinen Glauben selbst bestimmen. Niemand muss glauben, was seine Eltern glauben. Natürlich ist damit das Risiko verbunden, dass Ihr Kind dann nicht den Glauben des Vaters übernimmt – das besteht aber sowieso! Vielleicht können Sie mit Ihrem Mann besprechen, was ihn so ängstigt: Geht es um die verlorene Seele, ist sein Glaube angstbesetzt, sein Gott ein strafender Gott? Oder will er nur, dass sein Kind glaubt, was er glaubt? Vermutlich müssen Sie zuerst einmal klären, was hinter seiner Sorge steckt. Sie selbst sollten sich in jedem Fall ehrlich verhalten. Ihr Kind spürt auch sehr deutlich, wenn Sie das nicht tun.

Ein wichtiges Ziel in der Familie sollte sein, dass jeder so viel wie möglich von dem bekommt, was er braucht. Das ist nicht immer möglich, aber diesen Umstand kann man auch nicht immer jemandem vorwerfen. In Ihrer Familie bleibt der Wunsch Ihres Mannes nach einem gemeinsamen Tischgebet unerfüllt. Für ihn wird es keinen Sinn machen, alleine zu beten, denn hinter dem Ritual steckt die Vorstellung, Gott und der Familie zu dienen. Ebenso wenig kann er Konsens in Sachen Religion erwarten. Wenn er beten möchte, ist das seine Entscheidung, ebenso wie das Recht, zu bedauern, dass er damit alleine ist. Aber für Ihre Haltung darf er Sie nicht kritisieren. Ihr Sohn hat das Privileg, mit zwei unterschiedlichen Einstellungen zum Thema Religion in einer Familie aufzuwachsen. Das wird ihm helfen, eine eigene Entscheidung diesbezüglich zu treffen. Jetzt oder irgendwann später im Leben.

 Das Direktive empfinde ich als oft nicht konstruktiv. Daher möchte ich Ihnen keinen Rat geben, sondern Sie darin bestärken, zu schauen, was sich für Sie selbst stimmig und echt anfühlt, um dann selbst einen für Sie guten Weg zu finden. Glaube ist aus meiner Sicht etwas sehr Persönliches und findet in einer ständigen Auseinandersetzung mit sich selbst statt. Wenn ich Sie richtig verstehe, sind Sie sich mit Ihrem Mann grundsätzlich einig und haben ähnliche Werte und Vorstellungen über Religion. Im Weiteren geht es jetzt darum, wie Sie als Eltern gemeinsam eine Haltung, einen Glauben und ein Wertesystem mit Leben füllen und es an Ihren Sohn weitergeben. Dazu ist notwendig, dass Sie sich abstimmen und mit Ihrem Mann gemeinsam überlegen, wie Sie den Glauben in Ihrer Familie leben wollen. Wenn Sie das Tischgebet grundsätzlich ablehnen, sollten Sie das mit Ihrem Mann besprechen. Vielleicht finden Sie ja gemeinsame Worte, mit denen Sie sich authentischer fühlen. Eine ande-

re Möglichkeit ist, dass Sie das Gebet nicht mitsprechen. Ihr Sohn wird so verstehen, dass Glaube unterschiedlich gelebt werden darf und vielfältig ist.

Meine Tochter feiert bald ihren siebten Geburtstag und hat die sieben Kinder aus ihrer Klasse eingeladen, mit denen sie am besten befreundet ist. Nun hat sich noch ein recht beliebtes Mädchen, mit dem sie aber eher aneinandergerät, gemeldet. Es bietet ihr seine Freundschaft an, wenn es auch eingeladen wird. Meine Tochter will das Kind nun unbedingt dabeihaben. **SOLL SIE SELBST BESTIMMEN, WER ZUM KINDERGEBURTSTAG KOMMEN DARF — UND WER NICHT?** *Tanja S.*

Sie werden Ihrer Tochter natürlich kaum vermitteln können, dass das »Versprechen« des Mädchens unsinnig ist – so funktioniert Freundschaft nun mal nicht, und die Beziehung der beiden wäre schon kurz nach der Feier dieselbe wie vorher. Aber in der Vorstellung von Siebenjährigen ist Freundschaft noch etwas, das man gegen eine Gegengabe verschenken oder vorenthalten kann. Vielleicht fragen Sie Ihre Tochter, warum sie dieses Mädchen denn vorher nicht eingeladen hat. Und welche Folgen es hätte, das »beliebte Mädchen« nicht einzuladen. Was wäre anders, schlimmer als jetzt? Offenbar ist Ihre Tochter ja nicht isoliert in der Klasse, sondern hat durchaus Freundinnen. Worin liegt also die Macht der kleinen Erpresserin? Dass sie Ihrer Tochter den Zugang zu ihrem Gefolge in der »beliebtesten« Gruppe der Klasse zugesteht? Wie wünschenswert wäre das? Warum hat sie das nicht jetzt getan, ohne Gegengabe? Vielleicht hilft es ja schon, wenn Sie Ihrer Tochter deutlich machen, dass es sich nicht um ein Versprechen handelt, sondern um Erpressung – und der sollte man nicht nachgeben. Trotzdem bedeutet es für Ihre Tochter einen für uns kaum mehr nachvollziehbar großen Zwiespalt und Kummer. Aber was wäre, wenn sie das Mädchen einlüde – und drei Tage später wäre doch alles wieder wie bisher? Das wären Kummer und Kränkung.

Das ist eine phänomenale Gelegenheit für Sie und Ihre Tochter, einen philosophischen Diskurs zu führen. Ich nenne das so, weil die Philosophie auf Fragen basiert und dem Wunsch danach, die dazu passenden Antworten zu finden. Wie hat sie sich gefühlt, bevor und nachdem das Mädchen ihren Wunsch bekannt gegeben hat? Warum fühlen Sie sich geneigt, da mit Ihrer Erwachsenenmeinung einzugreifen? Nach zwei oder drei solchen Gesprächen können Sie die Entscheidung ruhig Ihrer Tochter überlassen und mit ihr darüber erneut ein paar Wochen nach der Geburtstagsparty sprechen. Es wird Ihre Beziehung mit immer mehr gegenseitigem Vertrauen bereichern.

Erlauben oder nicht? Das müssen Sie selbst entscheiden. Ich kann nur sagen, was ich machen würde: Sieben Gäste sind eingeladen und es gibt sicher auch einen guten Grund dafür, dass genau diese Kinder eingeladen sind. Die Gästeliste ist voll und für jedes neue Lebensjahr einen weiteren Gast ist eine klare Regelung. Ich würde jedoch mit meiner Tochter verschiedene Aspekte besprechen: Welche Beweggründe hatte sie, diese Freunde einzuladen? Warum hat sie das neue Kind nicht eingeladen? Was bedeutet es überhaupt, eine Einladung auszusprechen? Welche Bedeutung hat Freundschaft? Vielleicht überlegen Sie, welche Ängste hinter der so überstürzten Zusatzeinladung liegen. Ich würde versuchen, das alles zu besprechen, ohne die getroffene Gästeregelung infrage zu stellen. Und eine nächste Gelegenheit zum Einladen kommt sicher wieder, sodass Sie dann an diese Fragen anknüpfen können und Ihre Tochter diese wertvolle Erfahrung machen kann.

Mein Sohn (10) geht in die 5. Klasse. Er soll ein Referat über Konzentrationslager verfassen. Ich bin damit nicht einverstanden, weil ich denke, dass es kein Thema für Zehnjährige ist. Reicht das nicht, wenn sie älter sind? Ich habe den Eindruck, dass Kinder heute viel früher mit »Erwachsenenthemen« konfrontiert werden – zu früh. Was meinen Sie? **DÜRFEN KONZENTRATIONSLAGER THEMA FÜR ZEHNJÄHRIGE SEIN?** Darf ich darüber mit dem Lehrer diskutieren? *Anne L.*

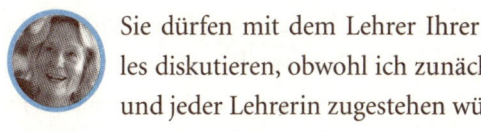 Sie dürfen mit dem Lehrer Ihrer Kinder über alles diskutieren, obwohl ich zunächst jedem Lehrer und jeder Lehrerin zugestehen würde, dass er oder sie sich vermutlich selbst Gedanken gemacht hat und zudem fachlich qualifiziert ist. Ich vermute, dass das Referat, das Ihr Sohn anfertigen soll, in irgendeinem Zusammenhang steht, vielleicht mit einem Buch, das gerade im Deutschunterricht gelesen wird? Sie kritisieren, dass Kinder heute viel früher mit »Erwachsenenthemen« konfrontiert werden – aber das geschieht ja nicht primär durch die Schule, sondern unkontrolliert durch verschiedenste Instanzen der Gesellschaft, etwa durch die Fülle der Medien. Darauf muss die Schule reagieren, um die Kinder nicht mit zufälligen und diffusen Informationen allein zu lassen, sondern ihnen Zusammenhänge zu erklären. Sicher hat Ihr Sohn ohnehin schon von Konzentrationslagern gehört, hat Bilder im Fernsehen, in Zeitungen und Büchern gesehen. Er wird also von dem, was er erfährt, nicht vollkommen erschlagen werden, er wird es nur besser verstehen. Zudem sind Sachinformationen, selbst grausame Zahlen, in der Regel leichter zu verkraften als etwa ein literarischer Text oder ein Film, durch die wir stärker berührt werden, weil das Schicksal der Menschen emotional greifbarer wird. Wenn Sie das Gefühl haben, dass Ihr Sohn mit dem Thema nicht umgehen kann (Kinder sind unterschiedlich sensibel), dann sprechen Sie mit dem Lehrer.

 Die meisten Lehrer in Dänemark wären nicht Ihrer Meinung (ich im Übrigen bin es auch nicht). In vielen dänischen Schulen lernen Kinder in diesem Alter alle möglichen unerfreulichen Fakten kennen, die mit dem Zweiten Weltkrieg zusammenhängen. In diesem Alter hinterlässt das einen großen Eindruck und genau das ist die Idee dahinter.

 Natürlich können Sie mit dem Lehrer sprechen und Ihre Bedenken vorbringen. Vielleicht wollen Sie aber im Vorfeld noch mal in sich hineinhören und sich fragen: Was genau ist meine Sorge, was sind meine Bedenken? Wovor habe ich Angst? Ihr Sohn hat eine Aufgabe aus der Schule mitgebracht und Sie können ihn nun als Mutter dabei begleiten, dieses wichtige Thema zu begreifen. Wie Sie diese Begleitung gestalten, liegt bei Ihnen. Sie können Ihren Sohn zunächst fragen, was er selbst zu dem Thema denkt, und ihm bei Bedarf Unterstützung anbieten. Wenn er diese in Anspruch nehmen möchte, haben Sie die Chance, diese nach Ihren Vorstellungen zusammenzustellen. Sie können zum Beispiel in Büchern nachlesen, gezielt Sendungen zum Thema anschauen oder im Internet nach geeignetem Material suchen. Sie können das Thema in Ihren Alltag holen und sich gemeinsam mit Ihrem Sohn mit diesem Teil der deutschen Geschichte auseinandersetzen. Ist das vielleicht etwas, wovor Sie Scheu haben? Prüfen Sie doch mal, was dieses Thema bei Ihnen auslöst und ob Ihr innerer Widerstand eher mit Ihnen

zu tun hat, als dass Sie einem Zehnjährigen die Beschäftigung mit einem der wichtigsten Themen unserer Geschichte nicht zutrauen.

»Nehmen Sie sich Zeit –
gemeinsam.«
Katharina Saalfrank

LOVE
ME
TENDER

Mein Freund und ich sind seit sieben Jahren ein Paar. Wir sind glücklich, aber er stellt keine Fragen. Wenn wir den Abend getrennt voneinander verbracht haben, möchte er zwar selbst gefragt werden, wie es so war. Mich fragt er jedoch nie. Lange habe ich ihm erzählt, was ich so gemacht habe, inzwischen nicht mehr. **INTERESSIERT ER SICH EINFACH NICHT FÜR MICH?** Was soll ich tun? *Kathrin M.*

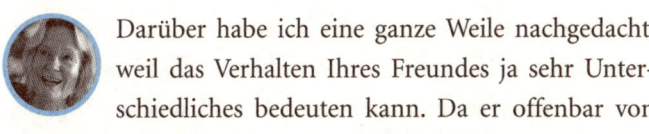Darüber habe ich eine ganze Weile nachgedacht, weil das Verhalten Ihres Freundes ja sehr Unterschiedliches bedeuten kann. Da er offenbar von sich aus auch nichts erzählt, ist der Austausch über die eigenen Erlebnisse für ihn aufgrund seiner bisherigen Erfahrungen vielleicht nicht so selbstverständlich wie für Sie? Oder er glaubt, er überschreitet eine Grenze, wenn er Sie nach Dingen fragt, die Sie nicht freiwillig berichten? Vielleicht hat er auch das Gefühl, Sie würden ihm schon erzählen, wenn etwas wichtig für Sie war – das haben Sie ja bisher auch immer getan, ohne sein Nachfragen. Und wenn Sie nichts erzählen, dann bedeutet das in seinen Augen eben: Sie möchte mir nichts erzählen. Ausschließen können Sie aber natürlich auch nicht, dass er sich wirklich vor allem für sich selbst interessiert. Und das wäre sicher langfristig keine tragfähige Grundlage für Ihre Beziehung. Haben Sie das Thema denn mit ihm besprochen? Weiß er, wie wichtig Ihnen dieser Austausch ist? Wenn nicht: Das wäre das Erste, was passieren sollte. Und seine Reaktion in diesem Gespräch wird Ihnen vermutlich einiges an Klarheit bringen – nicht nur über dieses Thema, sondern vielleicht auch darüber, wie er Ihre Beziehung überhaupt sieht. Und das wäre sicher sehr hilfreich.

Meine erste Reaktion auf Ihre Frage ist, dass Sie ihm diese zeigen sollten und – wenn Sie möchten – auch unsere Antworten. Jedoch glaube ich nicht, dass er kein Interesse an Ihnen hat, obwohl er vielleicht

nicht immer so schrecklich daran interessiert ist, was Sie unternommen haben. Wir Männer haben häufig keinen genauen inhaltsorientierten Zugang zu solchen Dingen. Wir haben noch nicht entdeckt, wie wertvoll es ist, durch Zuhören zu erfahren, was unseren Partner interessiert und begeistert. Vielleicht hat Ihr Freund auch Angst, besonders kontrollierend auf Sie zu wirken? Egal: Fragen Sie ihn lieber direkt, anstatt ihn nur mit Ihren Fantasien zu konfrontieren.

 Haben Sie Ihren Frust mit Ihrem Freund besprochen? Woher wissen Sie, dass er überhaupt von Ihnen gefragt werden möchte? Sagt er das? Und: Wenn Sie wissen wollen, ob er sich nicht für Sie interessiert, dann sollten Sie ihn auch das fragen. Auch, wenn diese Fragen eigentlich naheliegend sind, klingt es für mich nicht so, als hätten Sie dies bereits angesprochen. Sie können also zunächst ein Gespräch mit ihm suchen und über Ihre Gedanken und Gefühle reden. In einer langfristigen Partnerschaft ist es notwendig, dass Sie sich gegenseitig über Ihre Bedürfnisse austauschen. Wie soll Ihr Partner wissen, was Ihnen wichtig ist, wenn Sie es nicht mit ihm besprechen? Wenn Sie mit ihm reden, dann können Sie darauf achten, dass Sie Ich-Botschaften senden. Sprechen Sie Ihre Gefühle, Gedanken und Wünsche aus. Beschreiben Sie auch Ihre Bedürfnisse und Gefühle so differenziert wie möglich und gehen Sie auf konkrete Situationen ein, die Ihnen wichtig sind. Wichtig ist auch: Suchen Sie eher nach Lösungen und weniger nach Problemen.

Mein Mann hat in Bezug auf unsere Siebenjährige einen »blinden Fleck«: Er schimpft oft, wenn er glaubt, sie sei trotzig, obwohl das nicht stimmt. Ich will das Kind schützen, also streite ich schließlich mit ihm und versuche, ihm zu erklären, dass sein Verhalten kontra-produktiv ist. Das ist anstrengend. **WAS SOLL ICH TUN, WENN ER DAS KIND NICHT VERSTEHT?** Muss er sich aus der Erziehung heraushalten, wenn Einfühlungsvermögen gefragt ist?

Sandra H.

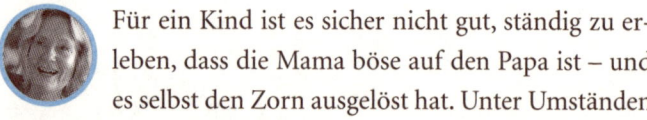

Für ein Kind ist es sicher nicht gut, ständig zu erleben, dass die Mama böse auf den Papa ist – und es selbst den Zorn ausgelöst hat. Unter Umständen führt das sogar dazu, dass Ihr Kind Sie irgendwann gezielt gegeneinander ausspielt, vielleicht sogar unbewusst. Eine Alternative dazu, Ihren Mann vor dem Kind auszuschimpfen, wäre vielleicht, Ihre Tochter einfach zu trösten. Die Frage ist ja, wie unsensibel er tatsächlich ist. Manchmal gibt es zwischen Eltern einfach Unterschiede in der Beurteilung von Erziehungsfragen, das muss nicht immer an mangelndem Einfühlungsvermögen liegen. (Dieser Vorwurf muss für Ihren Mann ganz sicher kränkend sein.) Das sollten Sie abklären, am besten mit Hilfe von außen. Vielleicht nehmen Sie ja gemeinsam an einem Kurs zum Thema Kindererziehung teil oder lesen dazu gemeinsam ein Buch und sprechen darüber? Damit würden Sie zeigen, dass Sie nicht nur von Ihrem Mann erwarten, dass er sich bewegt.

Ein Großteil der Kinder in meiner Generation ist in Familien wie Ihrer aufgewachsen und wir haben es alle überlebt. Sie gehören einer viel stärkeren Generation von Frauen an und haben die Macht und den Mut, Ihrer Tochter zu sagen, dass Sie auf ihrer Seite sind, wenn ihr Vater sie missversteht oder falsch beurteilt. Das wird gut für sie sein und schlecht für die Beziehung zwischen Vater und Tochter. Daher sollte Ihr Ehemann darüber nachdenken: Was für eine Art von Beziehung möchte er mit seiner Tochter haben und was für eine elterliche Beziehung möchte er zu Ihnen haben? Sagen Sie ihm nicht, wie er sich entscheiden soll, aber bestehen Sie darauf, dass er Ihnen eine Antwort gibt.

Wann dürfte Ihr Mann schimpfen und wann ist eine Strafe auch für Sie in Ordnung? Ich frage das, weil ich diese Form des Umgangs miteinander grundsätzlich für destruktiv halte. Es belastet die Beziehung zwischen Eltern und Kindern unnötig. Vielleicht wird das für Sie nachvollziehbar, wenn Sie sich die Beziehung zwischen Ihnen und Ihrem Mann anschauen. Er reagiert nicht so, wie Sie es erwarten, und Sie schimpfen mit ihm. Später erklären Sie sich und empfinden die Erläuterungen, vielleicht auch die Maßregelungen, im Kontakt mit Ihrem Mann als anstrengend. Das klingt nach einer typischen Erziehungssituation, die jedoch zwischen Erwachsenen stattfindet. Was dafür spricht, dass eine solche Form im Umgang mit Kindern nicht sinnvoll ist, ist die Tatsache, dass Sie sich beide nicht wohlfühlen, oder? Sie als »Schimpfende« und er als »Beschimpfter«. Sie können überlegen, ob das ein Umgang ist, den Sie haben wollen. Vielleicht überlegen Sie für sich als Eltern, welche Werte Sie als Familie haben und weitergeben wollen, ob Schimpfen und Beschimpftwerden dazu gehören soll und wie Sie als Paar agieren wollen. Natürlich kann sich Ihr Mann zurückziehen, allerdings kann es – wenn die Beziehung zwischen Vater und Kind konstruktiv ist – für Ihre Tochter fruchtbar sein, Eltern zu erleben, die unterschiedlich sind.

Ich war viele Jahre glücklicher Single, mein Alleinsein war selbst gewählt. Nun bin ich seit einem Jahr in einer Beziehung mit einem tollen Mann, der es allerdings als Verrat ansieht, dass ich mir wünsche, mal wieder zwei Wochen alleine auf Reisen zu gehen. **DARF ICH OHNE PARTNER IN DEN URLAUB FAHREN?** Wie kann ich ihm klarmachen, dass er mir und uns mehr schadet, wenn er mich nicht fahren lässt? *Isabel K.*

Das ist schwierig! Dahinter stecken zwei unterschiedliche Vorstellungen von Paarbeziehungen: Eine ist eher traditionell-symbiotisch (bei Ihrem Partner), und dann gibt es die andere, für die es selbstverständlich ist, dass in jeder Beziehung zwei Individuen zusammenkommen, die ein gemeinsames, aber auch ein jeweils eigenes Leben haben und deren Beziehung gerade durch das Leben jedes Einzelnen außerhalb der Beziehung gestärkt wird. Nur wenn beide Partner wachsen, kann auch die Beziehung wachsen. Aber die Vorstellung von der symbiotischen Beziehung hat bei uns einfach eine längere Tradition – sie entspricht ja auch dem Wunsch Frischverliebter, die am liebsten jede Sekunde gemeinsam verbringen würden, und erscheint somit als die natürlichere Variante. Nur, für eine reife und länger andauernde Beziehung taugt sie so gar nicht. Vielleicht reden Sie mit Ihrem Partner darüber, dass gerade die Zeit des Abstands Sie ihm näherbringt? (Schenken Sie ihm außerdem das großartige Liebesgedicht »Rudern« von Reiner Kunze!)

Das können Sie ihm nicht klarmachen. Aber Sie können ihm Folgendes sagen: »Die Tatsache, dass du mich liebst, gibt dir kein Recht, über meine Zeit zu verfügen oder darüber, wie ich sie verbringen möchte. Deine Liebe ist eine Bereicherung für mein Leben, und ich hoffe, dass meine Liebe auch dein Leben bereichert. Wenn sie allerdings zur Pflicht wird, wird sie sterben.« Wenn seine Antwort mit einem »Ja, aber …« beginnt, hört er Ihnen nicht zu. Und wenn Sie anfangen, mit ihm darüber zu streiten, kostet es unnötig Zeit und Energie für Sie beide. Er hat sich in eine starke, unabhängige Frau verliebt, und wenn er Sie nun in die »Seinige« verwandeln möchte, wird die Beziehung ihr Ende finden.

Sie haben offenbar unterschiedliche Vorstellungen davon – und vielleicht wird sich das nach längerer Zeit des Alleinlebens erst langsam finden –, wie Sie Ihre Beziehung gestalten wollen. Es ist immer die Frage, wie viel Autonomie man dem anderen zugesteht, ohne das Gefühl der Verbundenheit zu verlieren. Vielleicht sprechen Sie darüber, was Ihre Liebe ausmacht? Ihr Partner scheint große Sehnsucht nach enger Verbundenheit zu haben. Sie scheinen jedoch Ihre Liebe nicht in Gefahr zu sehen und wollen im Urlaub auch Autonomie leben. Vielleicht können Sie genau diese Punkte aufeinander zubewegen. Für mich bedeutet diese Beziehungsform, dass sich zwei Partner auf das Tiefste verbunden fühlen, sich vertrauen und voneinander wissen, dass sich der eine auf den anderen verlassen kann. Sie wissen auch, dass sich der eine für den anderen nichts mehr wünscht, als dass er in der Lage ist, sich als eigenverantwortliche Person zu entfalten und unabhängig zu sein. Im Spannungsfeld der Eigenständigkeit und des Verbundenseins können Sie Ihre Beziehung entwickeln. Fragen Sie Ihren Partner, warum es ihm wichtig ist, dass Sie nicht alleine wegfahren, und sagen

Sie ihm, dass für Sie der Zusammenhalt nicht weniger wird, wenn Sie Ihre Autonomie leben. Geben Sie sich gegenseitig nicht nur Wurzeln, sondern auch Flügel!

Ich bin aus Versehen schwanger mit dem dritten Kind, worüber mein Mann todunglücklich ist. Er will mich nicht zu einer Abtreibung zwingen, weil er meint, damit unsere Beziehung für immer zu belasten. Ich selbst habe wiederum Angst, dass ein von ihm nicht gewolltes Kind unsere Beziehung ähnlich schwer belasten könnte. Aber alleine will ich am Ende nicht mit drei Kindern dasitzen. **SOLL ICH IHM ZULIEBE ABTREIBEN?** Was würden Sie tun? *Juliane R.*

Ihre Frage klingt, als hätten Sie selbst gar nichts gegen ein drittes Kind. Über einen Abbruch denken Sie nur nach aus Sorge darüber, es könnte Ihren Mann vielleicht aus dem Haus treiben. Wenn er sagt, er sei todunglücklich, wolle Sie aber nicht zu einer Abtreibung »zwingen«, klingt das für mich eher nach einer latenten Drohung als nach einer großen Geste. Wirklich frei sind Sie darum in Ihrer Entscheidung nicht. Aber eine einfache Lösung gibt es vermutlich nicht. Die einzige Möglichkeit sehe ich darin, immer wieder miteinander zu reden – nicht mit der Absicht, die eigene Position unbedingt durchzusetzen, sondern im Interesse der gemeinsam besten Lösung, die dann auch beide als die ihre empfinden können. Vielleicht klingt mein Vorschlag naiv, vor allem in Anbetracht der tickenden Uhr. Aber werden nicht sonst, egal wie Sie sich entscheiden, immer bei einem von Ihnen Kummer, Zorn, Ressentiment zurückbleiben, was die Beziehung letztlich auch zerstört? Also: Sie müssen viel reden.

Eine der grundsätzlichsten Regeln von Liebe und Partnerschaft ist es, dass unsere Partner die Entscheidungen, die wir für uns selbst treffen, akzeptieren müssen. Zum Wohle der ganzen Familie. Das kann ein Erziehungsstil sein, eine berufliche Veränderung, der Umgang mit der Tatsache, dass ein Kind womöglich behindert zur Welt kommt – oder eben das Thema Abtreibung. Beide Partner müssen trotzdem darauf achten, dass so eine Entscheidung und auch die partnerschaftliche Akzeptanz ebendieser nicht moralisch getroffen werden, sondern im engen Dialog entstehen, nach Abwägungen und in enger Kooperation – besonders wenn es eine Lebensentscheidung wie diese ist. Es geht um den feinen, aber wichtigen Unterschied zwischen einem Kompromiss und der Einigung auf eine Entscheidung, hinter der beide stehen müssen. Wenn ihre individuellen Entscheidungen auch nach vielen Gesprächen nicht in Einklang zu bringen sind, können sie die Partnerschaft langfristig aus der Balance bringen. Auch sollte niemand eine Rechnung aufstellen: Ich mache das jetzt so, wie du es willst, will dafür aber später das haben. Stattdessen müssen Sie verständnisvoll miteinander reden und versuchen, einen gemeinsamen Entschluss zu finden, der aber dann von beiden voll und ganz mitgetragen wird.

 Wie wäre es, wenn Sie eine gemeinsame Entscheidung in die eine oder andere Richtung treffen könnten? Wie wäre es, wenn Sie und Ihr Mann für die jeweiligen Folgen ihrer gemeinsamen Entscheidung auch gemeinsam die Verantwortung übernehmen könnten? Hierfür ist jedenfalls Voraussetzung, dass Sie miteinander sprechen und Ihre Bedürfnisse, die Haltungen, Wünsche und Ängste intensiv abgleichen. Nehmen Sie sich Zeit und tauschen Sie sich aus. Sagen Sie, was Sie denken und fühlen, und hören Sie auch, was Ihr Mann Ihnen sagt. Eine Antwort zu finden wird sicher etwas Zeit in Anspruch nehmen. Geben

Sie sich diese Zeit, nein, nehmen Sie sich diese Zeit: gemein-sam! Ich wünsche Ihnen für diese schwierige Entscheidung alles Gute.

Ich habe das alleinige Sorgerecht für meine Tochter (4), mit dem Vater war ich nie zusammen. Er meldet sich ohnehin nur, wenn bei ihm gerade die Sonne scheint. Die Nähe zu seinem Kind hält er nur so lange aus, bis ich fordere, dass er sich regelmäßig um sie kümmern soll. Meine Tochter hat sich mit »Er arbeitet viel« ihre eigene Erklärung zurechtgelegt, wenn er mal wieder mehrere Monate lang nichts von sich hören lässt. **SOLL ICH IHM WEITERHIN DAS KIND HINTERHERTRAGEN?** Oder kann ich die Tür einfach zulassen? *Daniela Z.*

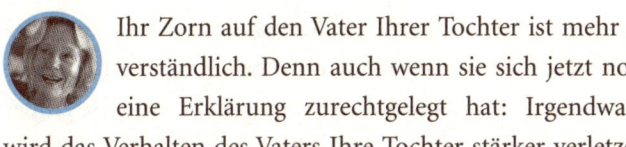 Ihr Zorn auf den Vater Ihrer Tochter ist mehr als verständlich. Denn auch wenn sie sich jetzt noch eine Erklärung zurechtgelegt hat: Irgendwann wird das Verhalten des Vaters Ihre Tochter stärker verletzen, seine Unzuverlässigkeit sie kränken, und sie wird sich fragen, ob er sie überhaupt lieb hat. Aber was wäre, wenn Sie jetzt den Kontakt abbrächen beziehungsweise unterbinden würden? Dann hätte Ihre Tochter gar keinen Vater mehr – wäre das besser? Offenbar gehört er, so wie er ist, ja doch ganz selbstverständlich zu ihrem Leben (einen Papa haben alle Kinder, auch wenn manche Papas immer da sind und manche nicht). Unter dem Verhalten des Vaters leiden offenbar im Augenblick vor allem Sie, nicht Ihre Tochter. Wenn sie allerdings eines Tages selbst zornig auf den Vater wird und keinen Kontakt mehr zu ihm wünscht, könnten Sie gemeinsam mit Ihrer Tochter über den Abbruch der Beziehung nachdenken. Vielleicht auch, wenn Sie bemerken, dass es ihr nach (oder wegen seiner Unzuverlässigkeit auch: vor) den Treffen schlecht geht. Sie schreiben nichts davon, ob der Vater seine Unterhaltszahlungen auch vernachlässigt oder dass Sie sich konkrete Sorgen darüber machen, wie er sich bei den Treffen mit Ihrer Tochter verhält. Wenn dies das Problem wäre, sähe meine Antwort anders aus.

 Ihre Tochter hat den Vater, den Sie für sie ausgewählt haben. Und er ist, wie er nun mal ist. Ihn um Regelmäßigkeit in Sachen Kontakt zu bitten oder

ihn wegen mehr Stabilität anzugehen ist so, als ob Sie beim Bäcker Fleisch kaufen wollten. Ihre Tochter wird es überleben und ihre eigenen Kämpfe mit ihm austragen, wenn sie größer ist.

 Es gibt hier genau zwei Möglichkeiten: Entweder lassen Sie sich weiterhin auf den losen Kontakt mit dem Vater Ihrer Tochter ein oder Sie schließen die Tür. Vielleicht überlegen Sie sich, was vor allem im Sinne Ihrer Tochter ist? Darum geht es aus meiner Sicht nämlich vorrangig, auch wenn ich verstehe, dass für Sie die ganze Situation insgesamt sehr anstrengend ist. Ihre Tochter hat sich jedoch eine gute Erklärung zurechtgelegt und lebt mit dem mal mehr, mal weniger verlässlichen Kontakt. Sie kennt ihren Vater nicht anders und lernt so gleichzeitig, mit ihm als Menschen und Vater umzugehen. Vielleicht wird es im Laufe der Zeit und mit zunehmendem Alter zu Situationen kommen, in denen Ihre Tochter sich mehr Kontakt zu ihrem Vater wünscht. Dann ist es wichtig, dass Sie Ihre Tochter an dieser Stelle emotional begleiten und Verständnis für ihr Bedürfnis haben; dass Sie für sie da sind, wenn sie traurig ist, und sie ermutigen, den Wunsch nach mehr Kontakt mit ihrem Vater zu besprechen.

MEIN MANN HASST DEN VALENTINSTAG. Mir ist dieses Datum im Prinzip auch nicht wichtig, aber da er sich in den vergangenen Jahren ohnehin nicht mehr sonderlich um mich bemüht hat, fände ich es plötzlich doch ganz gut, wenn mein Mann daran denkt und sich etwas Besonderes dafür einfallen lässt. Darf ich also die Beachtung des Valentinstags in diesem Jahr einfordern? *Sylvia P.*

Ich fürchte, fordern dürfen Sie da gar nichts. Denn Liebesbeweise auf Anforderung erscheinen mir nicht sehr glaubwürdig. Aber Sie dürfen unbedingt mit Ihrem Mann darüber sprechen, dass Sie sich von ihm mehr Zuwendung und Aufmerksamkeit wünschen – im ganzen Jahr und nicht nur zum Valentinstag, den Ihr Mann ja vielleicht sowieso auch deswegen ablehnt, weil er ihn zu kommerziell findet? Vermutlich ist Ihnen dieses Datum nur wichtig, weil Ihnen Ihr Mann auch sonst nie Blumen schenkt oder Ihnen auf sonst irgendeine Weise zeigt, wie sehr er Sie immer noch liebt. Sind ihm Ihre Gefühle überhaupt bewusst? Versuchen Sie doch mal, mit ihm darüber zu sprechen – ganz ohne Vorwurf – dann nutzt er vielleicht auch mal einen normalen Tag im Jahr, um ganz ohne Anlass einen Blumenstrauß mit nach Hause zu bringen oder Theaterkarten oder . . . Dann müssen Sie über den Valentinstag gar nicht mehr diskutieren. Den brauchen Sie dann nämlich nicht mehr.

Den Valentinstag von Ihrem Mann einzufordern dürfte nur zu einem Konflikt führen, der im Grunde ein Symbol Ihres eigentlichen Problems ist: Sie haben die Nähe und Intimität zueinander verloren und Sie sind beide dafür verantwortlich. Und jetzt sind Sie auch beide gefragt, einen Weg zu finden, dieses Problem wieder zu lösen. Die meisten Paare geraten nach sieben bis zehn Jahre in so eine Krise. Kein Wunder, dass man von dem »verflixten siebten Jahr« spricht. Es ist immer ein Signal, dass die Idee des

»Wir« dann aufgebraucht ist und dass man das »Du und Ich« neu erfinden muss. Warten Sie nicht darauf, dass Ihr Mann die Initiative ergreift oder gar untreu wird. Sondern laden Sie ihn zu einer Reihe ernsthafter Gespräche ein und reden Sie mit ihm darüber, wie Sie Ihr Leben weiter miteinander verbringen möchten. Aber lassen Sie sich nicht von folgender Tatsache befremden: Einen neuen Weg miteinander zu finden kann ungefähr ein Jahr dauern.

Verstehe ich Sie richtig, dass Sie jetzt den Valentinstag auf einmal wichtig finden, weil Ihr Mann Ihnen und Ihrer Beziehung insgesamt nicht (mehr) viel Beachtung schenkt? Fühlen Sie sich denn wohl damit, wenn Sie Aufmerksamkeit an einem solchen Tag aus formellen Gründen fordern? Vielleicht wäre ein grundsätzliches Gespräch, in dem Sie Ihrem Mann Ihre Gedanken, Wünsche und Anliegen an die Beziehung mitteilen, sinnvoller, als alle Hoffnungen an Ihre Beziehung an einen solchen Tag zu knüpfen und Forderungen zu stellen? So oder so: Sie sollten jedenfalls miteinander sprechen und Ihre Bedürfnisse und Vorstellung innerhalb Ihrer Partnerschaft austauschen und sich neu abgleichen – ganz unabhängig vom Valentinstag.

Meine Frau will sich die Haare abschnei-
den lassen – dabei mag ich ihre langen
Haare so sehr. Nun habe ich wirklich
Angst, dass ich sie mit kurzen Haaren
weniger hübsch finden werde. **KANN
ICH IHR DEN BESUCH BEIM
FRISEUR VERBIETEN?** *Jakob S.*

Zum Glück können in Deutschland Männer ihren Frauen (so gut wie) nichts verbieten und Frauen ihren Männern auch nicht. Zu unseren Grundrechten gehört außerdem das Recht auf körperliche Unversehrtheit. Jeder Mensch kann selbst für sich entscheiden, wie er aussehen möchte. Die Frage ist also nicht, ob Sie Ihre Frau weniger hübsch finden werden – das werden Sie vermutlich –, sondern ob Sie glauben, dass das für Ihre Beziehung eine Rolle spielt. Das wäre beängstigend. Was täten Sie denn, wenn Ihre Frau durch einen Unfall oder eine Krankheit auf einmal »weniger hübsch« aussähe?

Ja, Sie können versuchen, Ihrer Frau das zu verbieten, aber Gott bewahre, wenn sie Ihnen auch gehorcht! Je schöner und attraktiver sich Ihre Frau selbst fühlt, desto besser ist das für Ihre Partnerschaft. Der Verlust ihrer Haare – vermutlich einer der Gründe, warum Sie sich damals in sie verliebt haben – könnte Sie möglicherweise einer langjährigen Fantasie berauben, aber sie war damals ja auch noch ein paar Jahre jünger. Vielleicht braucht Ihre Software ja mal ein Update?

Wie würde es Ihnen gehen, wenn Ihre Frau Ihnen etwas verbietet? Oder ist das die Form, wie Sie Ihre Beziehung leben – und Sie verbieten sich gegenseitig, was Sie nicht wollen? Manchmal scheint das der leichtere Weg zu sein, allerdings erfahren Sie damit nicht, was Ihre

Frau zu diesem Schritt bewogen hat. Vielleicht hat die Entscheidung Ihrer Frau für eine neue Frisur eine symbolische Bedeutung? Oder auch einen Hintergrund, den Sie im Moment nicht verstehen, weil Sie ihn nicht kennen? Ich würde Sie gerne dazu ermutigen, Ihre Gedanken und Ihre hier ausgesprochene Sorge mit Ihrer Partnerin zu besprechen. Ob Sie als Ehemann dann Verständnis für diesen Schritt bekommen oder Ihre Frau durch den Austausch mit Ihnen ihr Vorhaben aufgibt, bleibt offen. Es ist aber einen Versuch wert. Wenn Sie wollen, können Sie ihr anschließend das Haareabschneiden ja immer noch verbieten.

Nach zwölf Jahren Beziehung und drei gemeinsamen Kindern haben mein Mann und ich nun seit drei Jahren immer weniger Sex. Im Grunde haben wir im Moment gar kein Liebesleben mehr. Muss ich mir Sorgen machen? **ODER GIBT ES DAS: EINE GUTE EHE OHNE SEX?** *Stephanie F.*

Ich habe überlegt, warum ich als Kinderbuchautorin eine kompetente Ansprechpartnerin sein sollte. Ich fühle mich in dieser Frage nämlich nicht als eine Expertin. Darum überlasse ich die Antwort lieber kompetenteren Menschen.

Ich kann mir vorstellen, dass sehr viele Menschen dazu gerne eine klare Antwort hätten – aber die gibt es leider nicht. Sie müssen sich fragen, ob Sie als Paar auch ohne Sex echte Nähe füreinander empfinden können, vielleicht auch durch andere Arten körperlichen Kontakts. Wenn dem so ist, brauchen Sie sich keine Sorgen zu machen. Ein Weg, um das auszuprobieren, wäre, gemeinsam erschöpft zu sein: Legen Sie sich nebeneinander und halten Sie Händchen, mit keinem anderen Ziel, als zu entspannen. Vielleicht schlafen Sie sofort ein, vielleicht wollen Sie sich noch mehr berühren. Probieren Sie es aus. Ich kenne viele Paare mit schönen und liebevollen Beziehungen, die viele Jahre ohne Sex auskommen. Diese Menschen sind irgendwann Seelenverwandte geworden oder haben eine wirklich tiefe, respektvolle Freundschaft. Unser heutiges Verhältnis zu Sex hat oft etwas Gezwungenes, es gibt dieses Gefühl von außen, dass das einfach zu einer Partnerschaft dazugehöre. Das führt dazu, dass die Situation, die Sie schildern, eine Art soziale Enttäuschung in sich trägt oder sogar tabuisiert wird. Sie wird gleichgesetzt mit fehlender Begehrbarkeit. Lassen Sie sich diesen Bären nicht aufbinden! Sie sind Mitglied in einem sehr großen Club. Aber versuchen Sie, einen ehrlichen Blick auf das Thema zuzulassen. Wenn Sie beide mit der Situation unglücklich sind, müssen Sie herausfinden, was genau Sie traurig macht. Bei Ihnen ist meine Vermutung, ausgehend von Ihrer Formulierung »nach zwölf Jahren Beziehung und drei Kindern«: Sie haben in den letzten Jahren so ziemlich alles für diese fünfköpfige Familie gegeben. Was auch bedeutet: Für Sie als Paar ist so ziemlich nichts übrig geblieben. Das ist auf lange Sicht keine gute Situation. Ihr »Wir« ist zu stark geworden. Das »Du« und das »Ich« brauchen wieder mehr Raum. Sonst verliert man als Paar Nähe, und eines der häufigsten Symptome davon ist Untreue. Was immer Sie herausfinden, ich garantiere Ihnen, dass es eines der sexuellsten Phänomene zwischen Menschen sein kann, wenn es einem Paar gelingt, voreinander ohne Schuldzuweisungen Herz und Seele zu öffnen und ehrlich miteinander zu sprechen.

 Fragen Sie sich selbst: Wie geht es Ihnen mit dieser Situation? Und auch: Wie geht es Ihrem Mann damit? Manchmal werden unsere Bedürfnisse im Alltag von vielfältigen anderen Themen und Entwicklungen überdeckt, und es tut gut, in sich hineinzuhorchen. Dafür braucht man Zeit und Achtsamkeit mit sich und seiner Paarbeziehung. Was sind Ihre Bedürfnisse? Wenn Sie diesen Fragen nachgegangen sind, werden Sie vermutlich ziemlich klare Impulse spüren, ob alles so bleiben kann oder ob Sie etwas verändern wollen.

»*Eltern denken immer an die Zukunft der Kinder – Kinder und Jugendliche an ihre Gegenwart.*«

Kirsten Boie

ERLAUBEN ODER NICHT?

Mein Sohn ist 17 Jahre alt, und wie wir als Eltern wissen, konsumiert er ab und zu Marihuana. Ich bin selbst der Meinung, dass das keine schlimme Droge ist, die man allgemein und landesweit verbieten müsste. Trotz meiner liberalen Haltung: **WIE ERKLÄRE ICH MEINEM SOHN, DASS ER NICHT KIFFEN SOLL?** *Sebastian K.*

Das sind zwei sehr unterschiedliche Fragen, da die Kriminalisierung von Drogen ja oft hochproblematische Folgen hat, wie wir seit der Prohibition in den USA wissen. Gesetzliche Verbote sind ein komplexes Thema, bei dem vielfältige Argumente bezüglich der gesellschaftlichen Folgen berücksichtigt werden müssen. Aber bei Ihrer Frage geht es nicht darum, sondern um Ihren Sohn. Ein Stoff muss ja nicht illegal sein, damit wir nicht möchten, dass unsere Kinder die Hände von ihm lassen, vor allem, wenn er Suchtpotenzial hat. Was ist mit Alkohol und Tabak, die bei uns nicht als »schlimme Drogen« gelten, aber für unendlich viele gesundheitliche Probleme und Tode verantwortlich sind? Selbst wenn Sie Ihrem Sohn gegenüber zugeben, dass Sie gegen ein Verbot von Marihuana sind, bleiben genügend Argumente dafür, warum Sie wünschen, dass er nicht kifft: gesundheitliche, vor allem psychosoziale Folgen sowie Argumente, die daraus resultieren, dass Marihuana nun mal illegal ist. Der Widerspruch, auf den Sie verweisen und mit dem sicher auch Ihr Sohn argumentieren wird, ist in meinen Augen keiner.

Ich nehme an, Ihr Sohn kennt Ihre Haltung. Bitten Sie ihn also um ein Gespräch. Wenn er gerade keine Zeit hat, müssen Sie das respektieren und gegebenenfalls ein paar Tage warten. Sagen Sie ihm dann alles, was Sie zu dem Thema zu sagen haben, danken Sie ihm und lassen ihn schließlich in Frieden. Versuchen Sie nicht, irgendwelche Vereinbarungen mit ihm zu treffen. Je persönlicher Sie im Umgang mit Ihrem Sohn sind, umso mehr beeinflussen Sie damit sein Verhalten.

Auch wenn Sie vielleicht im Moment einen anderen Eindruck haben: Ihr Sohn ist an dem, was Sie denken und fühlen, interessiert. Er probiert sich aus, macht Erfahrungen mit dem Rauchen und Trinken und braucht dabei den Austausch und eine gute Begleitung von Ihnen. Neulich habe ich in meiner Praxis einen 17-jährigen Jungen und seine Mutter beraten. Die Mutter hatte große Sorge, weil ihr Sohn täglich kiffte. Der Dialog, der zwischen den beiden entstand, war intensiv. Die Mutter konnte ihre Sorge um ihren Sohn klar benennen und positionierte sich deutlich gegen das Kiffen. Sie begründete das für sich selbst, dann diskutierten beide über die körperlichen und seelischen Schäden, die durch den Gebrauch von Marihuana entstehen können. Dabei ging es auch um Suchtmechanismen, wann Menschen also zum Joint oder Alkohol greifen. Die Mutter berichtete ihrem Sohn schließlich von ihren eigenen »ersten Erfahrungen«. Der Junge wurde zunehmend offener. Zum Ende des Gesprächs hin sprach die Mutter von ihrer eigenen Unsicherheit und darüber, dass sie nicht immer wisse, wie sie ihn unterstützen könne. Was sie aber klarstellte: Sie werde nicht wegschauen, sondern immer wieder das Gespräch mit ihm suchen. Die Antwort des Jungen war erstaunlich: »Das finde ich auch gut, Mama, ich kenne andere Eltern, denen ist es ganz egal, wenn die Kinder bekifft sind. Ich merke, dass ich dir wichtig bin.« So einen gelungenen Dialog wünsche ich Ihnen ebenso.

Mein Sohn (4) geht seit einem Jahr in den Kindergarten. Er hat viele Freunde, es geht ihm gut, was mir auch bestätigt wird. Trotzdem weint er jeden Morgen. Anfangs dachte ich, das sei eine Phase, nun weint er seit Monaten täglich – oft plötzlich oder wegen Kleinigkeiten. In unserer Familie gibt es keine Probleme. **WARUM WILL MEIN SOHN NICHT IN DEN KINDERGARTEN?** Will er einfach daheim sein oder liegt ein Problem vor? *Andreas Z.*

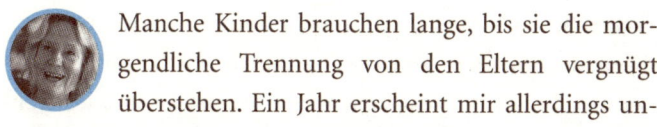 Manche Kinder brauchen lange, bis sie die morgendliche Trennung von den Eltern vergnügt überstehen. Ein Jahr erscheint mir allerdings ungewöhnlich. Ihr Sohn weint ja nicht mehr nur bei der Trennung – haben die Erzieher Ihnen etwas über die Anlässe erzählt? Geht es um Konflikte mit anderen Kindern? Fühlt er sich überfordert? Ist er integriert? Gibt es vielleicht auch zu Hause ähnliche Situationen? Weint er auch, wenn er Freunde besucht? Dass Ihr Sohn nur Ihre nachvollziehbare Unsicherheit bei der Trennung spürt und dadurch selbst verunsichert ist, kann kaum der Grund sein, dass er noch im Kindergarten weint. Was genau sind also die Auslöser? Vielleicht kommen Sie dem Problem mit einer Auflistung der Anlässe auf die Schliche? Außerdem (das schreibe ich nicht gerne) haben Sie nur die Aussagen der Erzieher dafür, dass es ihm gut geht. Vielleicht wäre ein anderer Kindergarten besser?

In Familien ist es immer ein wenig anmaßend, zu behaupten, es gebe keine Probleme. Damit will ich Ihnen nicht unterstellen, dass es welche gibt, sondern lediglich darauf hinweisen, dass Ihr Sohn auf etwas in der Familie oder im Kindergarten reagiert. Sie haben bestimmt von Erwachsenen gehört, die sich ständig mit ihrem Partner wegen Kleinigkeiten in den Haaren liegen. Dahinter steckt immer etwas Größeres, auch wenn es nicht angesprochen wird. Ich denke, dass dies auch bei Ihrem Sohn der Fall ist. Er trägt jede Menge Tränen in sich, die nun überlaufen.

Fragen Sie sich: Was macht ihn so traurig? – anstatt sich zu sagen, dass es nichts gibt, das ihn traurig machen könnte. Sie können ihn auch direkt fragen: »Du weinst oft und ich weiß nicht, was dich so traurig macht. Hilfst du mir?« Geben Sie ihm Zeit und auch, wenn er Ihnen eine genaue Antwort gibt, pochen Sie nicht darauf, sofort Dinge zu »richten«. Wenn Sie das tun, könnte er denken, dass seine Gefühle Panik bei Ihnen auslösen, und beschließen, sie künftig geheim zu halten.

 Ich beschränke mich in meiner Antwort darauf, was dazu führen kann, dass ein Kind auf einmal nicht mehr gerne in den Kindergarten geht. Ich erhalte oft solche Anfragen und wenn wir dann genauer hinschauen, gibt es immer bestimmte Aspekte, die dazu führen, dass das Verhalten von Kindern nachvollziehbar wird: Tagesablauf der Familie, seine Entwicklung (braucht er gerade mehr Nähe?) und/oder Ereignisse in der Familie (Veränderungen im Alltag wie Jobwechsel, Geschwister etc.). Eine weitere Frage: Sind Sie oder Ihre Frau mit einem Geschwisterkind daheim? Das könnte dazu führen, dass Ihr Sohn vielleicht das Gefühl hat, zu Hause etwas zu »verpassen«. Natürlich kann es auch sein, dass er einfach gerne zu Hause ist, ein Kompliment für Sie! Kinder sind in der Regel sehr gerne in der Nähe ihrer Eltern, Ihr Sohn scheint das deutlich zu machen. Haben Sie ihn gefragt, was ihn so betrübt und was er sich wünscht? Wenn er grundsätzlich gerne in die Kita geht, fragen Sie ihn, ob Sie etwas tun können, damit er wieder fröhlicher geht.

Unsere Kinder (8, 10 und 13 Jahre) bekommen alle drei Taschengeld, über das sie frei verfügen dürfen. Nun spart der Älteste eifrig und kauft sich ein schreckliches Computerspiel nach dem anderen. Ich will ihm das verbieten – andererseits ist es eben sein Geld und damit seine Entscheidung. **DÜRFEN ELTERN BESTIMMEN, WAS DIE KINDER KAUFEN?** *Carolin B.*

 Genau diese Probleme haben (fast) alle Eltern in der Pubertät ihrer Kinder: Wie weit darf ich mich noch einmischen? Was darf ich ihnen noch verbieten, ohne ihre Entwicklung zur Selbstständigkeit zu behindern? Zunächst einmal finde ich, dass Sie auch die Anschaffungen vom Taschengeld durchaus verbieten dürfen. Den Kauf einer Maschinenpistole würden Sie ja wohl auch kaum erlauben. Es gibt Dinge, die Sie aus gutem Grund ablehnen. Noch sind Sie verantwortlich für Ihren Sohn – immerhin so lange, bis er 18 Jahre alt ist! Für diese Grenze gibt es ja auch gute Gründe. Wichtig finde ich, dass Sie die Computerspiele nicht einfach so pauschal verbieten. Ihr Sohn sollte wissen, dass Sie sich jedes Spiel sehr genau ansehen, und dann entscheiden, ob er es kaufen oder behalten kann. Bestimmt haben Sie Ihm längst erzählt, warum es solche Spiele in so großer Zahl gibt Und dass sie für ihre Produzenten wahre Gelddruckmaschinen sind. Und natürlich hat ihn dieses Argument nicht das kleinste bisschen beeindruckt. Trotzdem: Selbst Jugendliche, die ihren Eltern die schlimmsten Beschuldigungen an den Kopf schmeißen, erklären dem passenden Gesprächspartner gegenüber durchaus stolz, dass ihre Eltern sich schließlich um sie kümmern würden. (Trotzdem wäre ihnen das Spiel natürlich viel lieber als das Kümmern!)

 Um Ihrem Sohn das jetzt noch zu verbieten, ist es viel zu spät. Das würde in der Struktur Ihrer Familie absolut nichts verbessern. Erklären Sie Ihrem

Sohn daher, was Sie über den Kauf denken, und lassen Sie ihn dann aber alleine entscheiden. Sie beide werden es überleben!

Sie haben hier einen klassischen inneren Konflikt, denn einerseits geben Sie Ihren Kindern Taschengeld, damit sie das Geld zur freien Verfügung haben, andererseits wird in Ihrer Frage deutlich, dass diese »freie Verfügung« eben doch nicht uneingeschränkt gilt und durch Sie definiert wird. Was ist Ihnen hier also wichtiger: Wollen Sie, dass Ihre Kinder nur bestimmte Dinge kaufen, und alles andere, womit Sie nicht einverstanden sind, verbieten? Oder wollen Sie Ihren Kindern mit der Taschengeldgabe einen Raum zu Autonomie und eigener Verantwortung zur Verfügung stellen? Wenn Sie das Erstere bevorzugen, wird es immer wieder zu solchen Konflikten kommen, und wahrscheinlich geraten Sie auch schnell an verschiedenen Stellen in einen Machtkampf mit Ihren Kindern. Dies können Sie verhindern, wenn Sie die zweite Variante wählen. Hier steht den Kindern das Taschengeld ganz klar zur freien Verfügung, und Sie können als Eltern diese Erfahrungen begleiten. Sie können mit Ihren Kindern über ihre Planungen sprechen und sich austauschen. Gut ist, wenn Sie im Gespräch nicht abwertend oder abfällig werden. Für Kinder ist es wichtig, zu hören, was Sie als Mutter denken und fühlen. Selbst dann, wenn sie schließlich oft anders handeln, als wir Eltern es uns wünschen.

UNSERE TOCHTER, 14, IST OFFENSICHTLICH HANDY-SÜCHTIG. Sie hat es immer in der Hand, wir können keine Absprachen mit ihr treffen. Sie sagt, alle in ihrem Alter sind dauernd online. Schöne gemeinsame Aktivitäten oder Drohungen sind ihr egal. Nur nachts legt sie es in den Flur, in der Schule bleibt es aus. Ich bin so genervt, dass ich denke, sie müsste mal richtig lange ohne auskommen. Ihr Vater findet das Handy jedoch wichtig. Was sollen wir tun? *Viola P.*

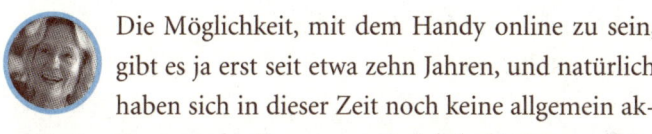

Die Möglichkeit, mit dem Handy online zu sein, gibt es ja erst seit etwa zehn Jahren, und natürlich haben sich in dieser Zeit noch keine allgemein akzeptierten Normen des Umgangs entwickeln können, auf die Sie sich berufen könnten. Aber zunächst gelten die normalen Regeln der Höflichkeit: In einem Gespräch schenkt man dem Gegenüber die volle Aufmerksamkeit, und beim Essen sollte das Mobiltelefon ausgeschaltet sein. Wie lebensnotwendig sind die erwarteten Nachrichten, dass eine Antwort nicht warten kann? Was passiert in der Zwischenzeit in einem Videospiel, das nicht mehr korrigiert werden könnte? Wir alle leben – da spreche ich aus eigener Erfahrung! – auf diese Weise nie voll in der Situation, in der wir uns real befinden, wir sind in Daueranspannung und unsere Frustrationstoleranz wird immer geringer. Vielleicht legen Sie mit Ihrer Tochter Situationen fest, in denen sie nicht online sein darf? Vereinbaren Sie einen Probelauf und lassen Sie sich dann erklären, welche »dramatischen« Folgen das für sie hatte. Und: Das »Alle anderen«-Argument dürfen Sie schnell vergessen. Alle Kinder benutzen es, und alle Eltern leiden darunter.

Nichts! Es ist zu spät dafür, und noch wichtiger: Sie als Eltern sind sich in dieser Sache nicht einig, also sind Sie in dieser Sache auch keine vertrauenswürdige Autorität. Ihre Tochter liebt ihr Handy, und Sie hassen es – so ist es nun einfach. Mit einem Teenager im Haus ist es wichtig, in Kontakt und einander verbunden zu bleiben.

Nichts anderes spielt in den nächsten vierzig oder fünfzig Jahren eine Rolle.

 Wir bewerten schnell: Ein Handy für eine 14-Jährige, ist das gut oder schlecht? Sie scheinen sich als Eltern darüber nicht im Klaren zu sein. Zweifelsohne: Wir brauchen einen konstruktiven Austausch mit Kindern über Smartphones und die Mechanismen der neuen Kommunikation. Sie erleben eine Flut an Möglichkeiten, miteinander zu kommunizieren. Dass sie dies ausprobieren wollen, kann man ihnen nicht vorwerfen. Ich empfinde Ihre Tochter durchaus als kompromissfähig: Sie hat das Handy in der Schule nicht dabei und legt es über Nacht weg. Doch ich spüre Unsicherheit und Sorge, ob und wie Sie handeln sollten, aber auch eine Sehnsucht, mit ihr mehr in Kontakt zu kommen. Sie ist in einer Ablösungsphase und nicht mehr mit »gemeinsamen Aktionen« zu locken. Sie können ihr sagen, dass Sie sie manchmal vermissen, und mit Ihr über Formen der veränderten Kommunikation sprechen. Auch sollten Sie mit Ihrem Mann reden: Muss die Tochter ständig telefonisch erreichbar sein? Wie viel Selbstverantwortung darf sie übernehmen? Ich kenne den umgekehrten Fall: Viele machen sich unnötig Sorgen, wenn das Telefon des Kindes nicht eingeschaltet ist. So wird das Smartphone zu einem Instrument der Kontrolle und Überwachung oder zum Gegenstand eines Dauerstreits. Sprechen Sie über Ihre Sorgen, anstatt das Handy zu verdammen.

Ich bin selten streng, aber Barbies kommen mir nicht ins Haus. Eine Puppe, die im echten Leben nicht mal stehen könnte! Meine Tochter (8) akzeptiert dieses Verbot, will aber nun immer öfter ein Mädchen aus ihrer Klasse besuchen, an dem sie eigentlich gar kein Interesse hat. Aber dieses Kind hat eben wirklich ALLES von Barbie. **SOLL ICH SIE TROTZ BARBIES ZU IHRER FREUNDIN GEHEN LASSEN?**

Dorothee W.

Sie sollten Ihre Tochter ziehen lassen! Welchen Schaden sollte sie denn nehmen? Ihr Frauenbild wird ganz sicher stärker durch Sie geprägt als durch das Spielen mit einer Plastikpuppe. Zudem macht Ihre Tochter die Erfahrung: Mama mag selbst zwar keine Barbies; sie erklärt mir auch, warum sie die nicht mag und haben darf ich keine. Aber in meine Freundschaften mischt sie sich nicht ein. Ich bin überzeugt: Wenn Ihre Tochter eine Weile ihre bisher nicht befriedigte Barbie-Leidenschaft ausgetobt hat, wird sicher im Mittelpunkt ihrer Verabredungen bald wieder die Frage stehen, ob sie das Mädchen mag, mit dem sie spielt. Barbies allein reichen da auf die Dauer nicht aus. Und es ist doch großartig, dass Ihre Tochter – anstatt permanent wegen einer eigenen Barbie zu quengeln – nun diese Alternative gefunden hat! Übrigens geht mit acht Jahren das Barbie-Kernalter schon bald zu Ende. Also einfach ganz entspannt bleiben!

Sie unternehmen rein gar nichts. Warum sollten Sie auch? Ich akzeptiere vollkommen, dass Sie bei sich zu Hause klare Standards setzen. Genauso bewundere ich Ihre Tochter, dass sie sich ihren eigenen Weg zur Befriedigung ihrer Bedürfnisse sucht. Besser wird es nicht mit Ihnen beiden im Leben! In diesem Fall ist Ihr Erziehungsstandard ideologischer Natur und das Problem mit Ideologien ist einfach immer, dass sie alle Andersgläubigen ausschließen. Möglicherweise wird Ihre Tochter Ihnen in zwanzig

Jahren recht geben hinsichtlich der Barbie-Puppen. Vielleicht auch nicht. Aber ist das wirklich wichtig?

In Ihrer Frage schwingt Klarheit, aber auch eine gewisse Empörung mit. Es ist gut, wenn Sie sich klar positionieren können. Ihre Tochter nimmt das auch ernst und kooperiert hier mit Ihnen. Ich kann Ihre Bedenken nachvollziehen, aber vielleicht können Sie Ihre Empörung etwas zur Seite stellen und versuchen, den Wunsch Ihrer Tochter ernst zu nehmen und ihm mit Verständnis zu begegnen. Kinder werden mit Produkten vielfältig konfrontiert und mit Werbung oder über sozialen Druck zum Konsum aufgefordert. Unsere Aufgabe als Eltern ist es, diese tief empfundenen Wünsche der Kinder ernst zu nehmen. Es ist doch wunderbar, wenn Ihre taffe Tochter ihre »Barbie-Wünsche« bei einer Freundin erleben kann, so können Sie dabei bleiben, dass Ihnen diese Spielsachen nicht ins Haus kommen. Sie können jedoch nicht an jeder Stelle verhindern, dass Ihr Kind sich eigene Wege sucht. Vielleicht wird die Barbie schnell langweilig oder es entwickelt sich eine schöne Freundschaft zwischen den beiden Mädchen? Schenken Sie Ihrer Tochter Ihr Vertrauen als Basis und begleiten Sie sie liebevoll bei ihren Erfahrungen, die anstehen.

Unser 16-jähriger Sohn ist ein mittel-mäßiger Schüler. Er könnte aber besser sein, wenn er sich nicht vorrangig ums Geld kümmern würde: Er trägt Zeitungen aus, liest Zählerstände ab und will in den Ferien vier Wochen bei einem Verpacker arbeiten. Wir finden das gut, aber :

WIE KÖNNEN WIR IHN DAZU BRINGEN, MEHR FÜR DIE SCHULE ZU MACHEN? *Christiane A.*

Sie haben einen ziemlich klugen Sohn, wenn er trotz all dieser Aktivitäten in der Schule noch zurechtkommt! Ich frage mich vor allem: Warum arbeitet Ihr Sohn so viel? Spart er auf eine Weltreise, ein Auslandsjahr? Geht es um Markenklamotten? Hat er nicht das Bedürfnis, Zeit mit Freunden zu verbringen? Sie sagen, im Grunde finden Sie sein Verhalten gut – ist das Geldverdienen für ihn also vielleicht nur die bequemere Option, etwas zu tun, das Ihnen gefällt und trotzdem angenehmer ist als Lernen? Solange diese Frage nicht geklärt ist, fällt mir die Antwort, sogar die Bewertung seines Verhaltens, schwer. Trotzdem: Eltern denken immer an die Zukunft der Kinder (die Abiturnote!) – Kinder und Jugendliche an ihre Gegenwart (die Disco, die Freundin, Fußball, neue Klamotten). Ich kenne kaum Eltern, die glücklich über das schulische Lernverhalten ihrer Kinder sind, fast immer ginge mehr, selbst bei 13 Punkten gäbe es noch die Möglichkeit von 15. Spannend ist doch, dass Ihr Sohn, anstatt irgendwelchen Freizeitvergnügungen nachzugehen, ernsthaft und verlässlich arbeitet. Dass er diese Zeit sonst mit schulischen Aufgaben verbringen würde, ist ja keineswegs sicher. Die disziplinierte Haltung, die er jetzt zeigt, wird er vermutlich im Leben beibehalten – vielleicht sogar beim Endspurt aufs Abitur.

Sie können die Entscheidungen Ihres Sohnes nicht beeinflussen. Er scheint ein sehr entschiedener und verantwortungsbewusster junger Mann zu sein mit einer klaren, eigenen Vorstellung vom Leben. Wenn Sie glauben, zu hundert Prozent zu verstehen, warum er das alles macht, und es Ihnen möglich ist, das auch mit ganzem Herzen wertzuschätzen, bitten Sie ihn um etwas Zeit und Aufmerksamkeit und sagen Sie ihm: »Ich schätze wirklich sehr, was du gerade alles machst, und möchte dir nur eine Sache dazu sagen: Bitte kümmere dich mehr um die Schule.« Nachdem Sie das einmal gesagt haben, wiederholen Sie es nie mehr. Ihr Sohn hat Sie gehört, und Sie haben damit einen Eindruck hinterlassen. Allerdings kann es die Art von Eindruck sein, die Sie nicht beabsichtigen. Ihre Rolle ist es, seine Entscheidungen zu unterstützen und sie nicht die ganze Zeit zu hinterfragen.

 Ich fürchte, gar nicht! Vielleicht schaffen Sie es aber, Ihre eigene Erwartung an Ihren Sohn zu verändern, und können so etwas Druck bei sich selbst herausnehmen? Ich kenne viele Eltern, die unter diesem Druck stehen und die Verantwortung für die schulischen Leistungen ihrer Kinder übernehmen. Sie können überlegen, ob Sie diese Rolle so weiter annehmen wollen oder mehr Verantwortung an Ihren Sohn abgeben und so Ihre eigenen Erwartungen ein Stück zurückstellen. Wie viel Verantwortung darf Ihr Sohn für seine Aufgaben selbst tragen? Er wird voraussichtlich alle von Ihnen angestrebten Ziele grundsätzlich erreichen, auch wenn er die Prioritäten etwas anders gesetzt hat. Anders, als Sie sich das wünschen würden, und doch: Eigentlich könnten

Sie sich entspannt zurücklehnen und Ihren Sohn genießen. Er ist im Augenblick dabei, zu erfahren, wie gut es sich anfühlt, Verantwortung zu übernehmen, selbstständig zu werden und eigene Ziele zu entwickeln und zu verfolgen.

Meine Tochter (6) hört gerne Hörspiele, gerade bei Regen stunden- und sogar tagelang. Ich biete meinen Kindern viele Spiele und einen Garten, sie hingegen würde am liebsten nur herumlümmeln. **SOLL ICH HÖRSPIELE VERBIETEN?** Und sie ähnlich handhaben wie Fernsehen, das es bei uns nur einmal in der Woche gibt? Schließlich ist sie gerade in die Schule gekommen.

Katharina D.

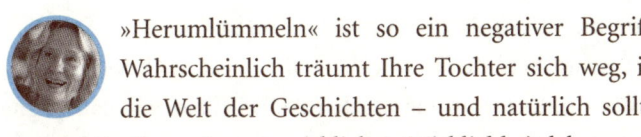»Herumlümmeln« ist so ein negativer Begriff. Wahrscheinlich träumt Ihre Tochter sich weg, in die Welt der Geschichten – und natürlich sollte sie auch in ihrer eigenen wirklichen Wirklichkeit leben, mit Freunden spielen, Spaß haben, Konflikte austragen. Gibt es vielleicht Gründe, warum Ihre Tochter so gerne aus ihrer Wirklichkeit abtaucht? Oder sind die Geschichten einfach nur interessanter als ihr Leben? In jedem Fall: Auch durch die Geschichten setzt sie sich ja mit allen möglichen Lebensthemen auseinander. Zudem sind Hörbücher meiner Meinung nach eine ganz tolle Möglichkeit, Kinder auf Fähigkeiten vorzubereiten, die sie später beim Lesen brauchen: Sie hören nur einen Text, ohne Bilder zu sehen. Die Bilder, Gefühle, Gedanken, kurz: die ganze Welt der Geschichte muss, anders als beim Film oder im Fernsehen, ganz allein auf der Grundlage von Sprache im Kopf des Kindes selbst entstehen. Das ist eine Fähigkeit, die vielen Kindern heute fehlt. Ihre Tochter wird sie bereits entwickelt haben; insofern hilft das viele Hören ihr vielleicht später sogar indirekt in der Schule. (Und wenn sie dann noch eine begeisterte Leserin würde, freut mich das als Kinderbuchautorin natürlich!) Aber wenn es Ihnen wirklich zu viel wird mit dem »Herumlümmeln«: Scheuchen Sie Ihre Tochter zwischendurch gnadenlos an die frische Luft.

Bevor Sie irgendetwas unternehmen, sprechen Sie bitte in Ruhe mit Ihrer Tochter darüber, warum ihr die Hörspiele so viel bedeuten, und passen Sie

Ihre Entscheidung den Antworten Ihres Kindes an. Sie können sehr offen mit ihr sprechen: »Ich frage mich, woher dein großes Interesse an Hörspielen kommt, und ich glaube oft, dass du zu viel Zeit damit verbringst. Aber bevor ich daraus irgendeinen Schluss ziehe, wollte ich hören, warum sie dir so wichtig sind. Bitte sag mir das, wenn du kannst.« Hörspiele sind aber in keinerlei Hinsicht mit Fernsehen zu vergleichen. Sie regen das Gehirn dazu an, eigene Bilder zu schaffen, während der Geist darüber nachdenkt.

Hörspiele und -geschichten sind häufig zunächst erst mal »nur« ein Geflecht von Sprecherstimmen, Tönen, Geräuschen und Musik. So muss sich das Kind dann mithilfe seiner Vorstellungskraft und seines Wissens ein eigenes Bild zu der Geschichte erschließen. Auf diese Weise erschaffen sich Kinder beim Hören ihre ganz eigene innere Hörwelt und tauchen dabei in eine selbst geschaffene Fantasiewelt ein. Mein Gefühl ist, dass Sie Ihr Kind nicht bevormunden, reglementieren oder begrenzen sollten, sondern im Gegenteil: Nehmen Sie diese Faszination Ihrer Tochter auf und sehen Sie dies als Chance. Sie könnten zum Beispiel gemeinsam eine Geschichte hören, miteinsteigen und so die innere Welt, in die sich Ihre Tochter hineinfantasiert, teilen. Sie können als Mutter auf diese Weise regelrecht »mithören«, welches Lebensthema Ihr Kind gerade beschäftigt, und dann auch versuchen, mit Ihrer Tochter darüber ins Gespräch zu kommen.

DIE LIEBE VERÄNDERT ALLES.

Unsere Tochter (20) hatte große Pläne: ein Jahr Ausland, Sprache lernen, Examen. Dann kommt dieser Kerl daher. Plötzlich ist das Studium im Ausland doof, man kriegt eh keine Kurse angerechnet, und aus zehn Monaten werden im Glücksfall vier. Oder: Das Studium in Ort X ist prestigereich, preisgekrönt. Aber dieses neue Mädchen im Leben unseres Sohnes studiert in Augsburg. Plötzlich ist Augsburg der Knaller. Mama und Papa zahlen trotzdem weiter und ärgern sich. Wie verhalten wir uns korrekt? *Kathrin C.*

 Es sollte weniger darum gehen, was »korrekt« ist, sondern was für Ihr Kind hilfreich ist. Darum können Sie Ihre Bedenken mit den Kindern besprechen – ohne den Freund einen »Kerl« zu nennen und ohne »Augsburg« abzuwerten. Aber Sie müssen aushalten, dass Ihre erwachsenen Kinder ihre Entscheidungen jetzt selbst treffen. Sie mit dem Hinweis zu erpressen, dass Sie nicht mehr bereit sind zu zahlen, wollen Sie sicher nicht. Schließlich dealen Ihre Kinder ja nicht mit Drogen oder wollen alles hinschmeißen und nur noch chillen (auch das hätte passieren können!). Sie wollen einfach an Orten studieren, die aus Ihrer Sicht nur zweite Wahl sind. Eltern müssen irgendwann lernen: Kinder sind nicht auf der Welt, um Elternträume real werden zu lassen. Vielleicht hilft es, sich Folgendes bewusst zu machen: 1. Wir alle haben in unserer Jugend Entscheidungen getroffen (oft auch unsinnige), die unsere Eltern nicht gebilligt haben – und das Leben hat trotzdem geklappt. 2. Es geht nicht nur um den beruflichen Erfolg. 3. Oft gelangt man im Leben auf einem Umweg viel besser ans Ziel als auf dem direkten Weg, oft entdeckt man dabei sogar neue Ziele. Kinder müssen ihre eigenen Erfahrungen machen. Sie werden Fehler machen wie wir auch und vielleicht daraus lernen. Wenn es nicht um die ganz großen Fragen geht, sollten Eltern versuchen, gelassen zu bleiben – und zuversichtlich!

 Teilen Sie mit Ihren Kindern Ihre Gedanken und Ihre Meinung unredigiert. Und hoffen Sie, dass Sie

damit deren Entscheidungen im Positiven beeinflussen können.

»Korrekt« im Sinne von »richtig« oder »falsch« gibt es nicht. Sie stehen ja in keiner geschäftlichen Beziehung miteinander, obwohl es sich ein wenig danach anhört. Vielleicht fühlt es sich für Sie so an? Man kann Ihren Ärger deutlich spüren. Es wäre gut, wenn Sie mit Ihren Kindern über Ihren Unmut sprechen könnten. Voraussetzung dafür ist, genauer zu schauen, was in Ihnen diese Unzufriedenheit auslöst. Worüber ärgern Sie sich genau? Darüber, dass die Kinder ihre Meinung geändert haben und auf einmal andere Ziele verfolgen, oder darüber, dass Sie die Gründe dafür nicht nachvollziehen können? Vielleicht wäre es gut, grundsätzlich darüber zu sprechen, wie Sie sich die Finanzierung der Berufsausbildung für sie vorstellen, wie lange Sie zahlen können und wollen, und dabei auch aushandeln, welchen Beitrag Sie sich für eine zunehmende Unabhängigkeit auch von den Kindern wünschen? Ihre Kinder sind zwischen einer finanziellen Abhängigkeit und dem Gefühl der persönlichen Autonomie hin und her gerissen. Sie wollen Sie nicht ärgern, sondern machen unterschiedliche Erfahrungen, die auch zum Leben und Selbstständigwerden dazugehören. Gut ist es, wenn Sie sie wertschätzend unterstützend in die komplette Selbstständigkeit und Unabhängigkeit begleiten können, ohne die finanzielle Abhängigkeit als Machtinstanz zu missbrauchen.

»*Natürlich dürfen Sie sich einmischen!*«

Kirsten Boie

»*Ich finde nicht, dass Sie sich einmischen sollten.*«

Jesper Juul

ANSICHTS-SACHE

Unser Sohn (7) ist mit einem Jungen befreundet, bei dem zu Hause den ganzen Tag der Fernseher läuft, es zu Mittag Chips mit Ketchup gibt und die Kinder gegen Mitternacht ins Bett gehen. Mein Sohn sagt dauernd »Alter« und »Fuck it«, seit sich die Jungs öfter treffen. Er bewundert seinen neuen Freund sehr. **DARF ICH MICH EINMISCHEN?** *Susanne W.*

 Natürlich dürfen Sie sich einmischen! Dazu sind Eltern durchaus auch da. Toll wäre, wenn die Jungs sich öfter mal bei Ihnen träfen, nach den Spielregeln Ihrer Familie. Vielleicht würde der Freund dann nicht nur erleben, was es bei Ihnen alles nicht gibt (keine geilen Filme, keine Pommes), sondern auch, was es gibt. Und für Ihren Sohn wäre dann wieder sein (sonst eher uncooles) Zuhause aufgewertet. Aber selbst wenn das keine Option sein sollte: In jedem Fall können Sie Ihrem Sohn sagen, dass Sie bestimmte Ausdrücke einfach nicht hören wollen, und auch, warum. Grundsätzlich: Egal, wie sich all dies weiterentwickeln wird: Bei einem Siebenjährigen würde ich mir noch keine ernsthaften Sorgen machen. Für ihn ist die Familie noch immer die wichtigste prägende Instanz. Bei einem Dreizehnjährigen wäre das dann schon ein bisschen anders. Ihr Sohn probiert jetzt eine Sprache aus, die er cool findet, er wird aber an den Reaktionen der Welt schnell merken, wo sie angebracht ist und wo nicht. Mischen Sie sich ein – aber bleiben Sie gelassen.

 Ich finde nicht, dass Sie sich einmischen sollten. Ich glaube aber durchaus, dass Ihr Sohn eine klare Ansage verträgt: »Ich bin sehr froh, dass du einen guten Freund gefunden hast. Wir brauchen alle gute Freunde. Ich möchte dir trotzdem sagen, dass ich mit der Art, wie seine Familie lebt und wie er sich anderen gegenüber ausdrückt, nicht einverstanden bin und dass ich das hier so nicht haben möchte.« Sie wählen natürlich Ihre eigenen Worte. Und

achten Sie darauf, Kritik zu vermeiden. Die folgenden Wochen, Monate, ja vielleicht sogar Jahre werden Sie die einmalige Chance bekommen, ihn genauer kennenzulernen. Keine Angst: Ihr Sohn wird nie wie sein Freund werden, selbst wenn er sich vielleicht ab und an so verhalten wird wie er. Für Kinder, genauso wie für Erwachsene, ist es wichtig, gute und schlechte Vorbilder zu haben und auf lange Sicht lernen wir wahrscheinlich sogar mehr von den schlechten. Entspannen Sie sich – und vertrauen Sie Ihrem Sohn, dass er die meisten Dinge aus sich selbst heraus lernen wird.

Was meinen Sie mit »einmischen«? Meinen Sie, dass Sie mit den Eltern des Jungen aus dem Nachbarhaus sprechen und dort »eingreifen« wollen? Oder meinen Sie, dass Sie gerne mit Ihrem Sohn sprechen und ihm den, in Ihren Augen »schlechten Umgang« verbieten wollen? Vorerst wäre es wichtig, dass Sie in gutem Kontakt mit Ihrem Sohn bleiben und im vertrauensvollen Austausch. Dann können Sie sich auch zu dem positionieren, was Ihr Sohn erzählt. Dass die Kinder Chips mit Ketchup essen, den ganzen Tag Fernsehen schauen und erst nachts ins Bett gehen, hat Ihnen vermutlich Ihr Sohn erzählt? Gut, dass er zu Ihnen Vertrauen hat und seine Eindrücke mit Ihnen teilt. Sagen Sie, was Sie fühlen und denken, und tauschen Sie sich aus. Er will von Ihnen Meinungen, Ansichten und Gefühle hören. Sie können auch mit ihm besprechen, was Sie von seinen Aussagen halten und warum Sie zu Hause anders miteinander umgehen. Auch wenn Ihr Sohn nicht sagen wird: »Danke Mama, dass du mir das alles sagst!«, wird er sehr klar spüren, dass es bei Ihnen zu Hause anders ist.

Meine drei Kinder haben je zehn Geschenke zu Weihnachten bekommen. Die Verwandtschaft hat meine Bitte, weniger zu schenken, nicht verstanden. Ich habe nun einiges weggeräumt, und die Kinder haben es nicht mal vermisst. **KANN ICH GESCHENKE VERSTECKEN ODER SOGAR WEGWERFEN?** Obwohl sie nicht für mich gedacht waren, sondern meinen Kindern gehören? *Theresa H.*

Die Lösung müsste eigentlich sein, dass Verwandte gar nicht erst so viel schenken. Dass sie es trotz Ihrer Bitte tun, ist fast rücksichtslos und berechtigt Sie auch dazu, Geschenke verschwinden zu lassen. Es mag um leuchtende Kinderaugen gehen, aber eigentlich beschenken sich die Verwandten natürlich selbst. Bei Großeltern kommt vielleicht noch folgender Aspekt dazu: »Bei unseren Kindern konnten wir das nicht, darum wollen wir jetzt bei den Enkeln ...« Zwar werden Sie Ihre Verwandtschaft verletzen, wenn Sie das so deutlich sagen, aber versuchen Sie, ihnen Folgendes zu erklären: Je jünger Kinder sind, desto spannender ist die Welt und umso weniger Spielzeug benötigen sie. Jeder kennt die Begeisterung kleiner Kinder für Kochlöffel, Töpfe und Pappkartons. Ganz wenige Stofftiere und Puppen, die heiß geliebt werden, helfen Ihren Kindern in ihrer Entwicklung sicher mehr und machen sie glücklicher als die Überforderung durch ständig neue Kuscheltiere, die sie gar nicht alle lieb haben können. Wie wäre stattdessen gemeinsames Kuchenbacken, Kicken auf dem Fußballplatz, eine Forschungsreise im Park oder ein Besuch im Schwimmbad als »Geschenk«? Die Kleinen freuen sich wohl am meisten, wenn man mit ihnen Quatsch macht. Ob das überzeugt?

Ich finde, Sie sollten Ihren Verwandten noch eine Chance geben. Erklären Sie ihnen: »Meine Kinder bekommen so viele Geschenke, dass sie kaum noch Gefallen daran finden und mit ihnen spielen können.

Aber sie freuen sich, euch auch ohne Mitbringsel zu sehen. Bitte reduziert eure Menge an Geschenken oder gebt ihnen ein bisschen Geld, damit sie es für etwas ansparen können, das sie wirklich brauchen.« Sollten Ihre Verwandten immer noch so weiterschenken wie bisher, können Sie das genauso handhaben, wie Sie es gerade ohnehin schon tun, und dann aber mit gutem Gewissen. Alternativ können Sie Ihre Kinder dazu ermutigen, einen Teil der Geschenke Kindern in einer weniger glücklichen Lage zu geben.

 Aus meiner Sicht haben Sie zwei Möglichkeiten: Entweder sprechen Sie mit Ihren Verwandten und bitten – zur Not auch ohne tieferes Verständnis für Ihre Position – darum, zu respektieren, dass Sie diese Geschenkeflut für Ihre Kinder nicht wünschen. Sie können etwa anbieten, im Vorfeld des nächsten großen Festes Geschenkideen zu kommunizieren, damit Sie sich nicht so überflutet fühlen. Die andere Möglichkeit ist, dass Sie weiterhin im Nachhinein selbst handeln und einiges wegräumen. Etwas auszusortieren und zur Seite zu räumen empfinde ich übrigens noch mal als etwas anderes, als die Sachen einfach wegzuschmeißen. Im Grunde zeigen Ihnen die Kinder ja, dass sie Ihnen das Wegräumen der Spielsachen nicht übel nehmen. Sie können auch von Zeit zu Zeit mit den Kindern gemeinsam überlegen, welche Dinge für sie Bedeutung haben und welche nicht tagtäglich in Gebrauch sein müssen. Welcher Weg für Sie der richtige ist, können nur Sie entscheiden.

Neulich war ich in einem Café, in dem eine Familie mit zwei Jungs im Grundschulalter am Nebentisch saß. Der eine beschimpfte den anderen laut als »Schwuchtel«, die Eltern haben kaum reagiert. Ich hätte am liebsten etwas gesagt, habe dann aber nur böse hinübergeguckt. Jetzt ärgere ich mich über mich selbst. Was meinen Sie: **DARF MAN FREMDE KINDER UNGEFRAGT ERZIEHEN?** *Marc T.*

 Ein afrikanisches Sprichwort sagt: »Es braucht ein ganzes Dorf, um ein Kind großzuziehen.« Auch wenn wir da in unserer Gesellschaft alle sicherlich Barrieren spüren, finde ich, dass wir uns schon »einmischen« dürfen. Da gibt es viele Situationen, zum Beispiel wenn wir beobachten, dass ein Kind ein anderes Kind quält, etwas im Supermarkt mitgehen lässt oder Ähnliches. So etwas gehört nicht nur in den Verantwortungsbereich der Eltern, sondern in den aller Mitglieder der Gesellschaft. Wenn die Eltern wie bei Ihrem Beispiel mit dabei sind, richtet sich Ihre Kritik ja eigentlich an diese, weil sie nicht auf die Beschimpfungen reagiert haben. Und da wird es schwierig und, wie ich finde, sehr situationsabhängig. Vielleicht kann man das Kind trotzdem behutsam ansprechen. Sobald noch andere Zuhörer dabei sind (wie im Café oder einem anderen öffentlichen Ort), fühlt sich eventuell die ganze Familie bloßgestellt. Wie könnte dann das Ergebnis Ihres Einsatzes aussehen? Begreift das Kind in dieser Situation tatsächlich, dass und warum es Wörter wie »Schwuchtel« nicht als Schimpfwörter verwenden sollte?

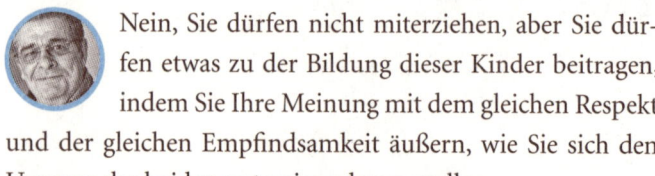 Nein, Sie dürfen nicht miterziehen, aber Sie dürfen etwas zu der Bildung dieser Kinder beitragen, indem Sie Ihre Meinung mit dem gleichen Respekt und der gleichen Empfindsamkeit äußern, wie Sie sich den Umgang der beiden untereinander vorstellen.

 Wie hätten Sie reagiert, wenn eine Gruppe Erwachsener so lauthals mit diesen Beschimpfungen in der Öffentlichkeit umgegangen wäre? Würden Sie sich auch so positionieren und ungefragt »erziehen« wollen? Ging es Ihnen um die Kinder, die sich »nicht benehmen«, oder um die Beschimpfung mit dem Wort »Schwuchtel«? Wenn Sie etwas zu diesem Umgang und der Art der Streiterei sagen wollen, sollten Sie weniger mit den Kindern als mit den Eltern ins Gespräch kommen. Denn wie Sie schon haben durchblicken lassen: Die Eltern sind hier verantwortlich, auch wenn diese anders reagiert haben, als Sie sich das gewünscht hätten. Zudem bekommen die Kinder über das Gespräch, das Sie mit den Eltern führen, sehr wohl mit, dass Sie mit der Beschimpfung nicht einverstanden sind – und darum geht es Ihnen doch, oder?

In der Familie eines engen Freundes wird geflucht, was das Zeug hält. Die beiden Kinder (5 und 7) benutzen schlimme Wörter, untereinander, aber auch, um die Eltern zu beschimpfen. Die schimpfen oft zurück – und das nicht unbedingt kinderfreundlich. Der Vater zieht ihnen auch mal eins über. **WAS KANN ICH TUN, WENN DIE ELTERN GROB SIND?** Wie kann ich als Außenstehende auf etwas aufmerksam machen, das meiner Meinung nach schon eine Weile aus dem Ruder läuft? *Melanie K.*

Kaum etwas ist so aussichtslos wie der Versuch, sich als Freundin oder Freundin in die Erziehung anderer einzumischen. Selbst wenn Ratschläge von professionellen Beratern angenommen werden würden, ertragen Menschen die Kritik von Freunden an ihren Kindern oder am Umgang mit ihren Kindern nur schwer. Trotzdem denke ich, dass Sie mit Ihrem Freund darüber sprechen müssen – vor allem, weil mit den Schlägen eine Grenze überschritten wird. Sagen Sie ihm, wie es Ihnen damit geht. Aber lassen Sie ihn auch seine Sicht erklären. Es kann ja durchaus sein, dass er selbst unter der Situation leidet und froh ist, einmal über seine Hilflosigkeit in der Erziehung seiner Kinder sprechen zu können. Die Frage ist, ob die Beziehung zu Ihrem Freund dieses Thema aushält. Aber für mich klingt es so, als wäre die Freundschaft, wenn alles unausgesprochen und unverändert bleibt, ohnehin enorm belastet.

Erklären Sie Ihrem Freund und auch der Mutter der Kinder, wie unangenehm diese Situationen für Sie sind, wenn Sie zu Besuch kommen. Aber erwarten Sie nicht, dass sich um ihretwillen in der Familie auch etwas ändert. Ihr Unbehagen könnte die Inspiration sein, die Ihr enger Freund brauchen könnte, um über den Umgang mit seinen beiden Kindern nachzudenken. Vielleicht ist es aber auch der Auslöser, damit er seinen Frust dann anschließend an ihnen auslassen kann.

Sie können die Problematik ansprechen und Ihrem Freund sagen, wie es Ihnen in dieser Atmosphäre geht. Wenn Ihr Freund offen für einen grundsätzlichen Austausch zu diesem Thema ist, dann können Sie mit ihm darüber reden: Geht es ihm mit dieser Situation selbst gut? Was ist sein Ziel in der Erziehung seiner beiden Kinder? Ich finde aber auch, dass Sie den abwertenden Umgang ansprechen und dabei nicht bagatellisieren sollten. »Eins überziehen« gehört nicht in eine vertrauensvolle und stabile Eltern-Kind-Beziehung. Kinder haben ein Recht auf eine gewaltfreie Erziehung. Im Gesetzestext heißt es dazu: »Körperliche Bestrafungen, seelische Verletzungen und andere entwürdigende Maßnahmen sind unzulässig.« Dass die Kinder Ihres Freundes das Verhalten ihres Vaters selbst übernehmen, ist daher nicht verwunderlich. Hier trägt Ihr Freund als Vater Verantwortung. Sie können sich also klar positionieren. Wenn Sie wirklich enge Freunde sind, kann er Ihnen bestimmt zuhören.

Meine Kinder sind keine Kleinkinder mehr, Oma und Opa schicken aber noch Geschenke. Die Kinder freut es, sie fahren auch mal hin, aber sie rufen selten an. **DANKE SAGEN IST EHER GLÜCKSSACHE.** Der Kontakt läuft weitgehend über uns Eltern, die sich schämen, dass sie ihnen sagen müssen: Hast du dich bedankt? Hört das nie auf? Oder muss ich irgendwann damit aufhören? *Cathrin D.*

Das hängt sicher von der konkreten Familienkonstellation ab. Natürlich möchten Sie, dass Ihre jugendlichen oder erwachsenen Kinder sich anders verhalten – aber wo es nun einmal nicht so ist: Was belastet Sie daran? Dass »man das nun einmal macht«? (Wohl nicht!) Oder schämen Sie sich für Ihre Kinder? Oder geht es Ihnen um die Großeltern, die sich immer so viel Mühe mit den Kindern gegeben haben und nun keinen Dank dafür ernten? Wie war das Verhältnis in der Kinderzeit, wenn daraus nicht der Wunsch entstanden ist, mehr von den Großeltern zu hören oder sich zu bedanken? Jugendliche haben meistens einfach sehr viel Wichtigeres im Kopf – und Großeltern, die diese Phase ja schon einmal durchlebt haben, wissen das auch. Leiden die Großeltern auch oder tun das nur Sie? Schenken die Großeltern nicht vielleicht einfach, weil sie den Enkeln eine Freude machen wollen, und sind viel gelassener, als Sie glauben? Wenn es den Großeltern allerdings schlecht gehen sollte, wenn ihr Leben sich eingeengt hat auf die kleine Welt der Familie und es nicht mehr viele andere Anlässe zur Freude für sie gibt: Dann fände ich es angemessen, selbst erwachsenen Kindern öfter mal einen Schubs zu geben!

Ja, bitte aufhören! Erklären Sie Ihren Kindern, dass Sie zurücktreten wollen aus der Rolle des Chefdiplomaten. Nach einiger Zeit werden die Kinder selbst die Verantwortung übernehmen. Es mag überraschend oder auch enttäuschend klingen, aber Verantwortung übernehmen Kinder nie selbst, solange die Eltern sich um all das kümmern. Wenn Sie es also schaffen, wirklich zurückzutreten, werden Sie auch merken, für wen Sie den ganzen Kram in all den Jahren in Wirklichkeit gemacht haben…

 Der Kontakt zwischen Ihren Eltern und Ihren Kindern klingt Ihrer Beschreibung nach insgesamt nicht sehr selbstverständlich, warm und herzlich. War das schon immer so? Und: Wofür schämen Sie sich denn genau? Dafür, dass Sie den Kontakt zwischen den Generationen übernehmen und Ihre Kinder an eine Karte oder ein Dankestelefonat erinnern müssen? Oder denken Sie, Sie haben Ihre Kinder zu undankbaren Menschen erzogen? Es gibt aus meiner Sicht zwei Möglichkeiten: Entweder Sie übernehmen weiterhin die Rolle des Vermittlers, die Sie offensichtlich schon lange spielen und zu der auch gehört, dass Sie Erinnerungen an Danksagungen aussprechen. Dann können Sie das bewusst tun und brauchen sich nicht zu schämen. Oder Sie positionieren sich neu und ziehen sich aus der Beziehung zwischen Enkel und Großeltern zurück. Die Verantwortung geht damit final an Ihre Kinder. Wichtig ist, dass Sie diesen Schritt Ihren Kindern auch mitteilen. Und dass Sie es ihnen überlassen, wie sie den Kontakt gestalten. Der mag dann nicht immer so aussehen, wie Sie es sich gewünscht hätten. Aber er ist selbstbestimmt.

»Du bist nicht mehr mein Freund«, sagte meine vierjährige Tochter letztens nach einem kurzen Streit zu einem anderen Kind. Darauf schaltete sich die Mutter des anderen Kindes ein und forderte mich auf, mit meiner Tochter zu sprechen. Was meinen Sie? **MUSS ICH MIT IHR ÜBER DEN GRUNDSÄTZLICHEN WERT VON FREUNDSCHAFT REDEN?** Ich hatte den Satz meines Kindes gar nicht so ernst genommen.

Britta S.

 Vermutlich sagt jedes kleine Kind diesen Satz irgendwann – gerade zu einem besten Freund; in der Regel sogar öfter als einmal. Der Satz verbindet schließlich so wunderbar die Enttäuschung über das Verhalten des anderen mit der so ungefähr schlimmsten Drohung, die einem Kind Freunden gegenüber zur Verfügung steht. Oft führt das auch bei beiden zu starker, dem Liebeskummer ähnlicher Verzweiflung. Am nächsten Tag oder zwei Stunden später kann das schon wieder vergessen sein. Nicht, weil das Kind den Satz nicht ernst gemeint hätte, sondern weil Kinder die wunderbare Fähigkeit haben, sich neuen Situationen anzupassen, zu vergessen, zu verzeihen. Natürlich können Sie mit Ihrem Kind darüber sprechen, dass das andere Kind nun traurig ist, aber eine philosophische Abhandlung über Freundschaft erscheint mir verfehlt. Die Einmischung der Eltern in Kinderbeziehungen richtet oft mehr Schaden an, plötzlich bekommt so eine Äußerung ein ungeheuerliches Gewicht, das sie sonst nicht gehabt hätte. Kinder verstehen die Bedeutung des Verhaltens anderer Kinder oft besser als die Erwachsenen. Daher: Nicht zu hoch hängen!

 Ich bin da Ihrer Meinung, aber eben auch neugierig. Daher würde ich die Mutter fragen, was sie damit gemeint hat. Nicht, um sie zu berichtigen, sondern weil Sie dann – egal, wie ihre Antwort lautet – sagen können: »Jetzt verstehe ich dich. Ich frage mich allerdings schon, ob dein Kind das auch so verstanden hat.«

Ich höre hinter dem Satz vor allem die Botschaft: »Ich hab mich über dich geärgert und brauche Abstand.« Ist das nicht ein Satz, den wir alle aus unserer eigenen Kindheit kennen? Freundschaften zu führen ist nicht so einfach. Es braucht Erfahrungen, die Ihre Tochter gerade macht. Kinder nehmen schon als Baby gerne Kontakte zu anderen Kindern auf. Die ersten echten »Freundschaften« finden sich erst ab dem dritten Lebensjahr, wenn sie in den Kindergarten kommen. Hier suchen sie oft gezielter nach Spielkameraden. Sie können sich mittlerweile sprachlich differenzierter verständigen, sich besser bewegen und so autonomer handeln, sich Spiele ausdenken und mit anderen umsetzen. Freunde in diesem Alter haben eine besondere Funktion: Sie tauschen Geheimnisse aus, bilden Grüppchen, fühlen sich stärker in einem neu erfahrenen Zusammenhalt. Für das Selbstbewusstsein ist es wichtig, einen Freund zu haben. Auch auf emotionaler und sozialer Ebene können Freunde wichtige Erfahrungen vermitteln: Es geht um Vertrauen, darum, sich auszuprobieren, das Erfahren von Anerkennung und Wertschätzung. Mitfühlen, Mitleiden und Mitfreuen sind beim Freund leichter erfahrbar als in der Gruppe. Dem Freund zuliebe verzichtet man auch eher auf etwas, erlebt Autonomie, plant Gemeinsames, findet zu zweit Kompromisse, stellt Eigenes zurück und lernt, anderes zu akzeptieren. Bei all dem kann es dazu kommen, dass Kinder sich auseinandersetzen – und dieser Satz mal fällt.

Erst vor ein paar Tagen sah ich in der Stadt eine hochschwangere Frau spazieren gehen, die eine Zigarette rauchte. **ICH HABE MICH FURCHTBAR AUFGEREGT, ABER NICHTS GESAGT.** Darf ich sie denn auf das Risiko für ihr noch ungeborenes Kind hinweisen, obwohl ich sie überhaupt nicht kenne? Und wie komme ich am besten ins Gespräch, wenn mir mal wieder eine schwangere Raucherin begegnet? *Ralf P.*

So schwer es Ihnen auch fallen mag: Eine Zigarette in der Schwangerschaft zu rauchen ist die Entscheidung der werdenden Mutter. Und es ist ja tatsächlich eine Entscheidung, nicht Unwissenheit – denn jede Frau weiß heute um die Risiken des Rauchens für das ungeborene Kind. Sie würden dieser Frau mit Ihrer Belehrung also nichts Neues erzählen. Was wollen Sie also dadurch erreichen?

Ich finde, dass Sie damit eine Grenze überschreiten. Es geht Sie nichts an, und glauben Sie nicht mal einen Moment lang, dass Sie Kindern einen Gefallen tun, indem Sie ihre Eltern kritisieren. Objektiv gesehen »richtig« zu liegen gibt Ihnen noch lange nicht das Recht, sich auch selbstgerecht zu verhalten.

Meine Erfahrung ist, dass keine werdende Mutter vorsätzlich ihrem Kind schaden möchte. Das macht es natürlich nicht besser. Und dennoch: Wichtig empfinde ich einen konstruktiven Umgang mit dem Thema, damit Veränderung für die Frauen möglich wird. Unterschiedliche Gründe führen dazu, dass die Nikotinsucht so stark ist, dass sie nicht von heute auf morgen und aus eigener Willenskraft aufgegeben werden kann. Oft ist gerade der Anfang besonders schwer, und deshalb ist Aufklärung hier wichtig. Es gibt zahlreiche Hilfsangebote durch Frauenärzte, Hebammen oder weitere Beratungsstellen, die diese Frauen bei diesem Schritt professionell begleiten. Darauf könnten Sie die

Frau hinweisen. Die Schwangeren werden in der Regel ja sowieso auch ärztlich betreut, und die Ärzte argumentieren oft rein medizinisch, was sehr klar und alternativlos ist. Deshalb ist ein Bewusstsein häufig vorhanden, dass Rauchen in der Schwangerschaft sehr schädlich für das Ungeborene ist. Wenn ich in der Beratung mit werdenden Müttern zu tun habe, denen es schwerfällt, diese Gewohnheit aufzugeben, dann kann ich oft gut mit ihnen zu diesem Thema ins Gespräch kommen, weil die Frauen freiwillig bei mir sind. Sie haben ein Anliegen und wollen etwas verändern. Diese Bereitschaft hilft sehr. Wir besprechen das Problem dann auf unterschiedlichen Ebenen. Es geht um die Verantwortung als Mutter und auch um die Ängste vor dieser Rolle, aber auch sehr klar um die Folgen für das Ungeborene. Und im letzten Schritt bereden wir schließlich auch, was die Frau braucht, um das eigene Verhalten zu verändern und diese Gewohnheit loszulassen.

»Sie sind als Mutter die Expertin für Ihr Kind.«

Katharina Saalfrank

MUSS ICH MEIN KIND BESCHÜTZEN?

Meine Tochter Mia (2,5 Jahre) ist sehr schüchtern. Sie hatte bisher wenig Kontakt zu anderen Kindern, die ihr dann auf dem Spielplatz Sachen wegnehmen. Ich beschütze sie oft, weiß aber nicht, wie sinnvoll das ist. Bisher habe ich mich auch nicht getraut, sie in eine Krippe zu geben – aus Angst, sie würde dort untergehen. Haben Sie einen Rat? **KANN SIE IN DIE KRIPPE GEHEN?** *Isa M.*

Nichts macht Eltern so unglücklich, wie ihr Kind weinen und leiden zu sehen, aber gerade deshalb: Geben Sie Mia in eine (gute) Kinderkrippe, und das so schnell wie möglich! Die Erfahrung, dass das Zusammensein mit anderen Kindern schrecklich ist und sie immer Mamas Unterstützung braucht, ist für sie mit Blick auf ihr Selbstbewusstsein und ihr zukünftiges Leben mit Gleichaltrigen nicht sehr hilfreich. Natürlich, wenn sie bisher wenig Kontakt zu Kindern hatte, ängstigt sie deren Verhalten ihr gegenüber, und diese Angst wird mit der Zeit nicht ab-, sondern zunehmen. Sie muss lernen, das Verhalten von Kindern zu deuten und sich selbst so zu verhalten, dass sie für andere Kinder berechenbar ist. Dass nirgendwo so hemmungslos geklaut wird wie auf Spielplätzen – Backförmchen, Müllautos, Laufräder –, hat damit zu tun, dass das Konzept von »mein« und »dein« noch nicht verstanden wird, aber das kommt erstaunlich schnell. (Vorher dürfen Erwachsene gerne helfen und ab und zu freundlich eingreifen, wenn der Sozialdarwinismus sonst zu heftig wird.) Übrigens können Sie bei der Eingewöhnung in die Krippe lange dabei sein. So wird Mia bald viel Spaß haben!

Ich glaube, dass Ihre Tochter bald eine Kinderkrippe besuchen sollte und dass Sie und die Pädagogen vor Ort eng zusammenarbeiten müssen, damit sie dort auch gute Erfahrungen machen kann. Oft ist es hilfreich, ein älteres Kind zu finden (drei bis vier Jahre alt) und sie oder ihn zu einer Art Mentor zu berufen, der eine enge Beziehung zu dem unsicheren Kind aufbaut und ihm zeigen kann, wie man Kontakte mit anderen knüpft. Gleichzeitig empfehle ich, dass Sie sich Hilfe holen oder Bücher dazu lesen, wie Sie das Selbstgefühl Ihrer Tochter stärken können.

Sie sind als Mutter die eigentliche Expertin für Ihr Kind. Also möchte ich Sie darin bestärken, in sich selbst hineinzuhören: Sie beschreiben, dass Mia wenig Kontakt und somit auch kaum Erfahrung mit anderen Kindern hat. Ist das vielleicht ein Grund dafür, dass sie Ihnen unsicher erscheint, wenn sie auf andere Kinder trifft? Wie könnte sie denn an mehr Erfahrungen kommen und wie können Sie Ihre Tochter dabei unterstützen? Dass andere Kinder sich grenzüberschreitend Mia gegenüber verhalten, ist übrigens entwicklungsgerecht. Kinder machen in dieser Zeit wichtige Erfahrungen mit starken Emotionen. Sie streiten sich, werden wütend und zeigen ihre Aggressionen. Langjährige Entwicklungsforschungen und Praxiserfahrungen haben gezeigt, wie wesentlich es für uns Menschen ist, dass wir unsere Gefühle kennenlernen und einen Zugang zu ihnen entwickeln, sie verbalisieren und ausdrücken können. Dabei geht es nicht nur um positive Gefühle, sondern um die gesamte Bandbreite. Wir brauchen also auch Erfahrungen mit sogenannten negativen Gefühlen wie Trauer, Enttäuschung, Schmerz, Wut, Aggression. Dafür brauchen Kinder die Begleitung von Erwachsenen. Mit diesem Wissen im Hinterkopf können Sie vielleicht Ihrer Tochter noch bewusster Raum für diese Erfahrungen geben und auf sie und ihre Entwicklung vertrauen.

Wir verbringen unsere Wochenenden im Sommer gerne am See. Unsere fünfjährige Tochter hüpft dort am liebsten den ganzen Tag nackt herum. Ich habe oft ein komisches Gefühl, denn wir sind da ja nie alleine, und ich möchte nicht, dass jemand unser Kind vielleicht so betrachtet, wie es sich nicht gehört. **MÜSSEN WIR DARAUF BESTEHEN, DASS UNSERE TOCHTER EINE BADEHOSE ANHAT?** *Marius T.*

Kleine Kinder lieben es, nackt draußen im Garten oder am See herumzutoben, das wissen alle Eltern. Ein Schamgefühl kommt dann allmählich mit der Vorpubertät auf. An FKK-Stränden zum Beispiel können Sie nackte Menschen von null bis zehn Jahren und von zwanzig bis zum Greisenalter sehen; die Altersgruppe dazwischen ist züchtig verhüllt. Solange Sie am See mit dabei sind, kann Ihrer Tochter nichts passieren. Und was vielleicht in den Köpfen anderer Menschen vorgeht (selbst wenn Ihre Tochter einen winzigen Badeanzug trüge!), darüber haben Sie ohnehin keine Kontrolle. Oder denken Sie, dass durch fremde Blicke die Würde Ihrer Tochter verletzt wird? Ich fürchte manchmal, dass wir mit dem gewachsenen Wissen über Pädophilie und der Sorge davor, sie könnte unsere Kinder treffen oder wir selbst könnten beschuldigt werden, unseren Kindern unter Umständen auch manches nehmen. Väter wagen nicht mehr, mit ihren Kindern im Bett zu kuscheln, Erzieher und Erzieherinnen denken dreimal darüber nach, bevor sie weinende Kinder auf den Arm nehmen – und Kinder dürfen nicht mehr nackt am Strand spielen. Bleiben Sie einfach in der Nähe und lassen Sie Ihrer Tochter den Spaß!

Nein! Wenn Ihre Tochter mit acht oder neun Jahren immer noch nackt herumhüpfen möchte, müssten Sie ihr dann wohl erklären, warum das nicht so eine gute Idee ist. Aber das jetzt einfach zu verbieten wäre meiner Meinung nach ein Jammer. Die Freude, die sie durch das Nacktsein empfindet, ist so eine wertvolle Erfahrung für Körper und Geist, die ihr ein Leben lang bleiben wird. Diese Freude sollte nicht durch Angst, Unsicherheit und Schamgefühlen seitens der Erwachsenen ersetzt werden.

Das Schamgefühl entwickelt sich bei Kindern sehr unterschiedlich, häufig prägt es sich mit Beginn der Schulzeit aus. Ihre Tochter wird irgendwann von sich aus Badekleidung tragen wollen. Bis dahin sind Sie in der Verantwortung, aufmerksam darauf zu achten, ob sich in ihrem Umfeld vielleicht jemand zu intensiv mit der Nacktheit Ihrer Tochter beschäftigt. Gehört das denn auch zu Ihren Bedenken? In Bezug auf Ihre Tochter werden Sie als aufmerksame, achtsame Eltern die Entwicklung des eigenen Schamgefühls sicher bemerken und respektieren. Wenn Ihre fünfjährige Tochter im Moment von sich aus völlig unbefangen und kindlich mit ihrer eigenen Nacktheit umgeht, dann können Sie für sich überlegen, ob Sie ihr diese Unbefangenheit lassen können. Prüfen Sie sich doch mal, ob Sie grundsätzlich wollen, dass Ihre Tochter eine Badehose trägt oder ob es situationsabhängig ist? Gut ist es, wenn Ihre Tochter einerseits die Erfahrung machen kann, dass Nacktsein etwas ganz Natürliches ist, und andererseits aber, dass es nicht immer und überall der kulturellen Norm entspricht.

Meine Schwiegermutter ist eine tolle Oma: Sie springt ein, wenn nötig, und kümmert sich liebevoll um ihr Enkelkind (2). Wenn ich unseren Sohn abhole, fällt mir allerdings auf, dass oft mittags eine halbe Flasche Wein leer ist. Sie ist zuverlässig, aber: **WOHL IST MIR NICHT, WENN SIE TRINKT.** Mein Mann teilt meine Sorge nicht. Wie kann ich ihr sagen, dass ich sie lieber »nüchtern« einsetze? *Maria K.*

Das ist heikel, vor allem, weil Ihr Mann kein Problem sieht – und da es um seine Mutter geht, vielleicht auch gar keines sehen möchte. Ohne Ihren Mann werden Sie kaum etwas bewegen können. Darum müssen Sie sich zunächst mit Ihrem Mann darüber einigen, dass es sich um ein schwerwiegendes Problem handelt. Denn wie »zuverlässig« kann die Oma sein, wenn sie trinkt? Natürlich glaubt sie, nur so viel zu trinken, dass sie immer alles unter Kontrolle hat, und je mehr sie trinkt, desto stärker wird diese Überzeugung. Alkohol führt ja zu Selbstüberschätzung. Ich fürchte, selbst wenn Ihre Schwiegermutter nach einem Gespräch mit Ihnen nicht verärgert wäre und verspräche, nicht zu trinken, solange sie auf das Kind aufpasst, wäre sie dazu gar nicht in der Lage. Eine halbe Flasche Wein mittags klingt nach Sucht, und das kann sie kaum mehr selbst kontrollieren. Wenn Sie den Mut aufbringen zu sagen, dass die Oma das Kind nur noch betreuen darf, wenn sie nicht trinkt, wird sie vielleicht zustimmen, aber die Flasche von jetzt an verstecken. Sie sind zu Recht in Sorge: Ein alkoholisierter Babysitter ist gefährlich, dem können Sie Ihr Kind kaum mehr anvertrauen. Ich vermute, Sie müssen nach Betreuungsalternativen suchen, gemeinsam mit Ihrem Mann.

Sie sollten mit Ihrer Schwiegermutter darüber nicht alleine sprechen. Das ist die Aufgabe Ihres Mannes. Seine Reaktion ist typisch männlich: Er sieht nicht, dass seine Mutter ein Problem hat, als Sohn ist er vielleicht blind dafür. Nur ignoriert er dabei, dass seine Frau ein Problem damit hat, und das ist ein Fehler. Daher müssen Sie zunächst mit ihm einig werden, dann ist ein Gespräch mit der Schwiegermutter möglich. Ihr Mann sollte der Wortführer sein. So werden aus Knaben Männer.

Jeder ist für sich selbst verantwortlich, gerade was Suchtmittel angeht. Die Verantwortung bringt aber mit sich, dass nie Dritte, schon gar nicht einem anvertraute Kinder, gefährdet werden. Sie sind dafür verantwortlich, dass Ihrem Kind nichts passiert bzw. dass Sie Ihr Kind jemandem übergeben, der es keinen unnötigen Gefahren aussetzt. Alkohol wird oft verharmlost. Wenn Sie sich und Ihre Gefühle ernst nehmen, kommen Sie wohl um eine Auseinandersetzung mit Ihrem Mann und dann mit der Oma nicht herum. Ich finde es wichtig, dass Sie Ihren Eingangssatz emotional präsent haben und als Botschaft senden: Ihre Schwiegermutter ist eine tolle Oma! Wenn Sie in einen konstruktiven Dialog über ihren Alkoholkonsum gelangen wollen, brauchen Sie Offenheit, Unvoreingenommenheit und echtes Interesse daran, etwas über sie zu erfahren. Wenn Sie ohne Vorwürfe in ein Gespräch gehen können, erfahren Sie vielleicht, welche Rolle der Alkohol für sie spielt, und können besser einschätzen, ob Ihnen zu Recht »unwohl ist«. Es wäre gut, wenn Sie zu einer Einigung kommen – ansonsten müssten Sie überlegen, wie Sie ihr das Kind auch ohne Unwohlsein anvertrauen können, oder eben eine andere Lösung finden.

Als ich in der Grundschule war, hatte Sex noch etwas Verpöntes. Ein bisschen Brust in der Zeitschrift Bravo hat uns Kinder aus dem Konzept gebracht. Diese Zeiten sind lange vorbei. **WIE ERKLÄRE ICH HEUTE MEINEM KIND, 9 JAHRE, DAS THEMA INTERNETPORNOGRAFIE?** In wenigen Worten? Und vor allem: Wann ist der richtige Zeitpunkt dafür? *Fritz M.*

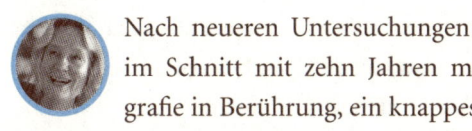Nach neueren Untersuchungen kommen Kinder im Schnitt mit zehn Jahren mit Internetpornografie in Berührung, ein knappes Drittel der Acht- bis Dreizehnjährigen guckt sich – angeblich – derartige Seiten an. Oft werden sie ihnen das erste Mal von Freunden auf dem Handy gezeigt. Wenn Ihr Kind zu Ihnen kommt und von solchen Erlebnissen berichtet, ist klar, dass Sie ihm einiges erklären müssen. Das ist natürlich eine Chance. Aber sehr viel häufiger erzählen Kinder ihren Eltern ja gerade nicht von solchen Vorfällen, weil sie genau wissen, dass derartige Filme und Fotos für die Eltern nicht akzeptabel sind. Daher macht es sicher Sinn, das Thema früh anzusprechen, bevor die Kinder Pornoseiten begegnen – das kann noch relativ beiläufig passieren und hat den Vorteil, dass die Nachfragen des Kindes deutlich machen, was zu diesem Zeitpunkt erklärt werden sollte. Außerdem weiß Ihr Kind dadurch, dass es sich nicht um ein Tabuthema handelt und dass es mit Ihnen darüber reden kann. Es wird Ihnen dann auch sehr viel eher davon berichten, wenn es tatsächlich auf den ersten Internetporno gestoßen ist.

Der richtige Zeitpunkt ist dann, wenn Sie wissen, dass es sich pornografische Seiten im Internet anguckt. Ich kann mir nicht vorstellen, wie man dieses Thema kurz und knapp erklären kann, aber mir fällt immerhin ein kurzer Einstieg in das Gespräch ein: Ich möchte nicht, dass du Pornos guckst! Wenn Sie einigermaßen unbeschwerte Kinder haben, werden sie wissen wollen, warum nicht. Der Rest wird zum langjährigen Dialog, der manchmal länger, manchmal kürzer dauert.

 Wie klären Sie denn Ihr Kind grundsätzlich über Pornografie auf? Ich fürchte, Sie brauchen etwas mehr als »wenige Worte«, mit einer simplen Erklärung wird es nicht getan sein. Im Gegenteil. Wenn Sie wirklich Interesse daran haben, Ihr Kind über das Internet aufzuklären und vor bestimmten Bildern im Netz zu bewahren, sollten Sie sich Zeit nehmen. Die Auseinandersetzung mit dem Internet insgesamt ist ein Prozess, der den Austausch immer wieder nötig macht. Diese digitale, unendlich weite virtuelle Welt mit Facebook und Computerspielen: Für Kinder birgt sie – neben den vielen Informationen und Möglichkeiten – wie eine »echte« neue Welt auch ungeahnte Gefahren. Deshalb brauchen Kinder Begleitung und manchmal auch Schutz. Sie würden Ihr Kind doch auch nicht alleine im Ausland in einer großen Stadt alleine lassen und darauf vertrauen, dass es – ohne die Sprache und die Regeln des Landes zu kennen – nach Hause findet! Das ist vergleichbar mit der Welt des Internets. Sie sollten sich klar positionieren, denn Eltern sind verantwortlich dafür, dass Kinder diese »Sprache« erlernen, eigene Erfahrungen machen, aber gleichzeitig auch wissen, wo welche Gefahren lauern.

Meine sechsjährige Tochter war schon immer sehr schönheitsbewusst. Sie stand bereits mit vier Jahren vor dem Spiegel, zog sich mehrmals täglich um und schminkte sich. Ich habe das als »ihr Ding« akzeptiert, doch seit einiger Zeit denkt sie, sie sei zu dick. Spindeldünn wird sie nie sein, aber dick ist sie keinesfalls. **WIE KANN ICH IHR HELFEN, SICH WEITERHIN SCHÖN ZU FINDEN?** Auch später? *Rebecca K.*

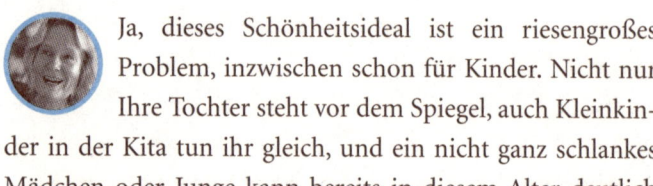 Ja, dieses Schönheitsideal ist ein riesengroßes Problem, inzwischen schon für Kinder. Nicht nur Ihre Tochter steht vor dem Spiegel, auch Kleinkinder in der Kita tun ihr gleich, und ein nicht ganz schlankes Mädchen oder Junge kann bereits in diesem Alter deutlich zu spüren bekommen, dass es »nicht stimmt«. Dort werden die Keime für den Zwang zur Selbstoptimierung gelegt, der schnell ziemlich egomanisch und tendenziell autistisch werden kann – und im schlimmsten Fall zu Essstörungen führen kann. Gerade jüngere Kinder setzen noch alles absolut – sie finden sich (und andere) entweder hübsch oder hässlich. Manchmal spielt das (aber nur in Verbindung mit anderen Faktoren!) leider sogar eine ziemliche Rolle für die Stellung in der Kindergruppe. An der genetischen Veranlagung Ihrer Tochter können Sie nichts ändern. Aber wenn Sie es schaffen, dass zumindest ihr Kernthema nicht mehr die eigene Schönheit ist, sondern sie etwa eine Leidenschaft entwickeln kann für eine Sportart, ein Instrument, Freundschaften: Dann hat sie vielleicht eine Chance, das Thema Aussehen nicht mehr so wichtig zu nehmen und ihr Selbstbewusstsein aus anderen Bereichen zu ziehen. Sie muss dann nicht mehr unbedingt der Norm entsprechen, sie ist auch so einverstanden mit sich und mag deshalb auch ihr Aussehen.

 Das ist ein für mich neuer Themenbereich, daher kann ich Ihnen hier nur Anregungen anbieten: Wissen Sie, ob es ein Mädchen oder eine Frau gibt,

zu der Ihre Tochter aufsieht oder die sie idealisiert? Und wenn Sie Ihr Kind fragen, warum das Dünnsein so wichtig für sie ist, können Sie in ihrer Antwort etwas Sinnvolles erkennen? Geben Sie ihr außerdem – wenn Sie das nicht sowieso schon getan haben – zu verstehen, dass sie sich nur zu Hause ständig umziehen und vor dem Spiegel stehen darf.

Das große Ziel von Eltern heutzutage ist es, dass ihre Kinder selbstständig, selbstbewusst und verantwortungsvoll durchs Leben gehen können. Ich sehe die Entwicklung des Selbstwertgefühls als entscheidendes Merkmal für das gesunde Aufwachsen von Kindern an. Sie können Ihre Tochter also weiterhin darin bestärken in dem, was sie ist, und dass sie so, wie sie ist, vollständig geliebt und akzeptiert wird. Und zwar unabhängig von ihrer Figur. Grundsätzlich kann unser Selbstwertgefühl dann wachsen, wenn wir von mindestens einer uns nahestehenden Person die Botschaft »Du bist okay so, wie du bist« erfahren. Das heißt also, Ihre Tochter anzunehmen mit allen Eigenheiten, Charakterzügen und Vorlieben. Zum einen wird dadurch die Sehnsucht nach Verbundenheit erfüllt, zum anderen liegt hier aber auch der Schlüssel zum Wachstum eines gesunden Selbstwertgefühls unserer Kinder. Die Botschaft, dass sie »richtig« und »angenommen« sind, ist wie ein Samen, der genährt wird durch die weitere Erfahrung im gemeinsamen Tun mit anderen Menschen und das Gefühl, für diese wertvoll und wichtig zu sein.

Die Mutter eines Kindes aus dem Kinder-
garten ist gestorben. Die Familie wünscht
sich, dass viele seiner Freunde zur
Beerdigung kommen. Das führte zu einer
großen Diskussion unter den Eltern, viele
wollten nicht, dass ihr Kind mit so etwas
Traurigem direkt konfrontiert wird. IST
ES RICHTIG, ELTERN ZU
BITTEN, IHRE KINDER AUF
EINE BEERDIGUNG ZU
SCHICKEN? *Peter T.*

Ob es nun richtig ist oder nicht, weiß ich nicht. Es hat wenig Sinn, das Verhalten von Menschen in einer derartigen Schocksituation zu beurteilen. Aber ob die Eltern dem Wunsch entsprechen wollen, können sie nur jeweils für ihr Kind selbst entscheiden. Kleine Kinder reagieren ganz unterschiedlich: Für manche ist die vollkommen fremde Situation vielleicht hauptsächlich spannend; andere sind verschreckt, weil sie sich konkret vorstellen, dass im Sarg die Frau liegt, die sie gekannt haben. Manche Kinder finden so ein Abschiedsritual aber auch tröstlich, wenn sie es mit ihren Eltern gemeinsam erleben. Ein bisschen hängt das vielleicht auch davon ab, was man dem Kind darüber erzählt hat, wo die Mutter des Freundes jetzt ist und was Tod bedeutet; das ist für sie ja noch nicht vorstellbar. Das Begreifen, dass Tod »für immer« bedeutet, entsteht erst allmählich. Ob die Anwesenheit der anderen Kinder dem verwaisten Kind tatsächlich hilft (das steckt ja sicher hinter der Bitte der Familie), weiß ich nicht. In dieser Beerdigungssituation wird das Kind vermutlich eher die Nähe seines Vaters, der Großeltern etc. suchen. Wenn Sie fürchten, Ihr Sohn könnte – in Ihrer Begleitung – die Beerdigung nicht verkraften, müssen Sie also kein schlechtes Gewissen haben.

Ich halte die Bitte der Familie der verstorbenen Frau für ein wertvolles Geschenk, für Kinder und Eltern, denn dadurch haben sie nun die Gelegenheit, einige interessante und inspirierende Gespräche mit ihren Kindern zu führen. Traurigkeit ist für kleine Kinder nicht gefährlich. Wie alle Gefühle bereichert sie ihr Leben und ihr Selbstwertgefühl.

Immer wieder erlebe ich, dass Eltern beim Thema Tod von nahen Angehörigen und wichtigen Bezugspersonen ihren Kindern, aus Angst, sie zu überfordern, wichtige Prozesse und Erfahrungen lieber vorenthalten. Eltern wollen Kindern die Atmosphäre einer Beerdigung und die Traurigkeit nicht zumuten, und so dürfen sie an diesem so wichtigen Prozess des Abschiednehmens oft nicht teilnehmen. Kinder können grundsätzlich gut und viel besser, als wir Erwachsene denken, mit Trauer umgehen. Ich bin auch der Meinung, dass es wichtig ist, sie diesen Prozess in ihrem eigenen Tempo machen zu lassen. Kinder haben dabei in der Regel einen natürlichen Umgang. Wird es ihnen zu viel, wenden sie sich ab und tauchen in die ihnen vertraute Welt des Spielens ein. Zu Ihrer Frage: Ich habe nicht ganz verstanden, mit welchem Ziel die Freunde bei der Beerdigung der Mutter dabei sein sollen. Ich nehme an, dass die anderen Kinder mit der Mutter keine enge Bezugsperson verloren haben, sodass es hier nicht um den Trauerprozess der Kinder geht, sondern um den des Kindes der Verstorbenen. Jemanden zu einer Beerdigung »zu schicken« ergibt sicher keinen Sinn, und so verstehe ich den Wunsch der trauernden Familie auch nicht. Je nachdem wie eng jedoch die Elternschaft in ihrem Kindergarten ist, kann es eine wertschätzende Geste sein, dass Kindergarten-Eltern zur Beerdigung gehen. Ob sie ihre Kinder mitnehmen oder nicht, sollte jeder Familie selbst überlassen sein.

»*Es hilft nichts: Sie müssen reden.*«

Katharina Saalfrank

GRENZ-KONTROLLE

MEIN SOHN, 17, BEDIENT SICH KOMPLETT AN MEINEM KLEIDERSCHRANK. Weil er zu faul ist, seine Wäsche aufzuräumen, nimmt er meine Socken, meine T-Shirts, meine Unterhosen, meine Schuhe. Ich bin deshalb dazu übergegangen, mein Zimmer abzuschließen, wenn ich arbeiten gehe. Ich finde das aber eigentlich furchtbar. Wie könnten wir das besser lösen? *Peter M.*

Es hilft sicher nicht, wenn ich schreibe: So unge-
wöhnlich ist das in dem Alter nicht, vor allem die
mangelnde Begeisterung für Ordnung! Ich gehe
davon aus, dass wir hier von einem Dauerzustand reden. Ich
finde, da haben Sie eine ganz gute Lösung gefunden. Mit Ihrem Sohn haben Sie ja bestimmt nicht nur einmal geredet –
ohne Ergebnis. Er muss aber irgendwann die Erfahrung machen, dass seine Unordnung Folgen hat und Sie außerdem
einen Anspruch auf die Achtung Ihrer Privatsphäre. Solange
er sich einfach bei Ihnen bedienen kann, macht er diese Erfahrung nicht, und es gibt keinen Grund für ihn, sein Verhalten zu ändern. Natürlich möchte niemand in seinem Haus die
Türen vor den Kindern verschließen. Aber wenn er vierzehn
Tage ohne saubere Klamotten dasteht, wird sich vielleicht etwas ändern. Nur müssen Sie vermutlich seine Wut so lange
aushalten. Das können Sie nur, wenn Sie sich sagen: Was ich
tue, ist okay. Ich habe als Vater einen Anspruch auf meinen
Privatbereich, und was mein Sohn jetzt lernt, braucht er fürs
Leben.

Wenn Ihr Sohn in dem Alter die Grenzen seines
Vaters nicht wahren kann, wird das daran liegen,
dass er keine Erfahrung damit hat. Gucken Sie mal
zurück und seien Sie ehrlich: Haben Sie ihm gegenüber je ein
Machtwort gesprochen, auch mit der dazugehörigen Körpersprache? Oder haben Sie stattdessen erwartet, vorausgesetzt,
erklärt, gejammert, sich beschwert, ihn kritisiert und diag-

nostiziert (so wie Sie es hier tun, indem Sie ihn faul nennen)? Ihre derzeitige Lösung ist effektiv, indem es Ihren Sohn davon abhält, an Ihre Klamotten und an Ihren Kleiderschrank zu gehen, aber sie ist auch nonverbal und wird Ihre Beziehung zu ihm nicht verbessern. Ich schlage vor, dass Sie ihn zu einem Gespräch bitten, in dem Sie klar äußern, wie Sie die Sache sehen.

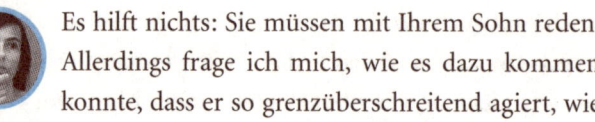 Es hilft nichts: Sie müssen mit Ihrem Sohn reden. Allerdings frage ich mich, wie es dazu kommen konnte, dass er so grenzüberschreitend agiert, wie Sie es beschreiben. Dafür gibt es aus meiner Sicht nur zwei Erklärungen. Entweder haben Sie sich nicht klar genug positioniert und lassen immer wieder Ausnahmen zu. Oder Sie stecken in einem Machtkampf und das Kleiderleihen ist zu einer Art Waffe geworden. Vielleicht können Sie sich zunächst selbst fragen, was bei Ihrem Sohn an Botschaft angekommen sein könnte? Versteht er Ihre Bitte nicht oder lassen Sie ihn zwischendurch doch mal an Ihren Schrank? Wenn das so wäre, weiß Ihr Sohn manchmal nicht genau, wann Sie das Ausleihen wirklich nicht wollen und wann es für Sie in Ordnung ist. Sie würden damit widersprüchliche Botschaften senden, die er nicht einordnen kann. Das Gespräch sollten Sie offen führen und ihm sagen, dass Sie sich wünschen, das Zimmer nicht mehr abschließen zu müssen. Vielleicht erfahren Sie bei dieser Aussprache mehr darüber, warum er die Grenze nicht einhalten kann? Ansonsten ist das Abschließen nicht die

gewünschte Möglichkeit, Grenzen zu setzen, aber die klarste. Vielleicht geht es gerade nicht anders, das kann ich nicht einschätzen.

Ich habe auf dem Grundstück meiner Eltern gebaut, dabei haben sie uns viel geholfen. Währenddessen stand bei uns die Türe immer offen, die Klingel funktionierte nicht. So hat sich Folgendes eingeschlichen: **OHNE ZU KLINGELN, STEHEN MEINE ELTERN IM WOHNZIMMER.** Auch wenn es nicht passt. Ich bringe es nicht übers Herz, ihnen zu sagen, dass sie warten sollen, bis ich öffne. Wie erkläre ich ihnen das am besten? *Susanne F.*

Liebevoll. Machen Sie Ihren Eltern zunächst deutlich, wie dankbar Sie für ihre Hilfe sind und wie froh Sie sind, dass sie so in der Nähe wohnen. Aber hinter dem Problem steckt eigentlich ein unterschiedliches Verständnis von Familie, das andererseits sicher auch dazu beigetragen hat, dass Ihre Eltern sich beim Bau so unglaublich engagiert haben: Für Sie geht Ihre Kernfamilie über zwei Generationen, für Ihre Eltern über drei. Daher empfinden sie es als selbstverständlich, jederzeit bei Ihnen auftauchen zu dürfen. Darum wird es – wie liebevoll auch immer Sie Ihren Wunsch vortragen – vermutlich nicht ohne Kränkung ablaufen, die dann beide Seiten aushalten müssen. Denn wenn es bleibt, wie es ist, wird Ihr unausgesprochener Zorn ja täglich wachsen, und es wird irgendwann bei Ihnen zu einer unkontrollierten Reaktion kommen, durch die Ihre Eltern schließlich wirklich sehr verletzt werden können.

Bitte machen Sie nicht den gleichen Fehler wie so viele Erwachsene, indem Sie die Fähigkeit Ihrer Eltern unterschätzen, sich noch ändern zu können. Ihr Vater und Ihre Mutter hatten komplexe Leben und verdienen es, mit Ehrlichkeit und Respekt behandelt zu werden. Daher hier mein Vorschlag: Erklären Sie Ihren Eltern, dass Ihre Tür lange offen stand, Sie jetzt aber einen Teil Ihrer Privatsphäre zurückhaben möchten. Daher bitten Sie nun all Ihre Freunde und Familienangehörige, künftig die Klingel zu benutzen und zu warten, bis ihnen geöffnet wird. Zu den üblichen Reaktionen darauf gehört ein sehr formelles »Natürlich, wenn ihr das so wollt« – gepaart mit einer Körpersprache, die verärgert wirkt. Oder aber es kommt zu einer direkten oder indirekten Kritik oder Anschuldigung. Diese Reaktionen vertuschen Schuldgefühle wie »Darauf hätten wir eigentlich selbst kommen können« oder »Wir haben hier die Grenzen verletzt«. Wenn das passiert, laden Sie Ihre Eltern bald auf einen Kaffee oder zum Sonntagsessen ein. Sie werden sich Ihrer neuen Regel anpassen, ohne dabei ihr Gesicht zu verlieren.

Eine schwierige Situation, das verstehe ich. Kinder sind ihren Eltern gegenüber eben doch immer loyal – auch, wenn sie erwachsen sind. Ich möchte Sie trotzdem ermutigen, Ihre eigenen Grenzen deutlich zu machen und sich klar und wertschätzend zu positionieren. Eigentlich klingt es für mich, so wie Sie es hier formuliert haben, schon sehr deutlich. Vielleicht können Sie ihnen das genau auch so sagen? »Liebe Eltern, unsere Tür stand während der Bauzeit immer offen, die Klingel hat nicht funktioniert und alle konnten immer und jederzeit ein und aus gehen. Für mich war das lange okay, aber es war auch ein absoluter Ausnahmezustand. Jetzt ist es anders. Das Haus ist fertig und es stört mich, wenn jemand einfach und unerwartet in meinem Wohnzimmer steht, ohne dass ich mich darauf einstellen kann. Gerne möchte ich mit euch deshalb neue Regelungen dazu besprechen.« Könnte das ein Anfang sein?

Meine Kinder (4 und 7 Jahre alt) tragen selbstverständlich Helme, wenn sie Fahrrad oder Roller fahren. Ich selbst kann mich trotz täglicher Radtour zur Arbeit einfach nicht dazu durchringen, nicht zuletzt, weil meine Frisur dann für den Rest des Tages hinüber ist. **DARF ICH AUF EINEN FAHRRADHELM VERZICHTEN?** Und wie erkläre ich das meinen Kindern? *Stefanie S.*

 Das kann ich so gut nachvollziehen! Jetzt sind die Kinder vielleicht noch zu klein, um den Widerspruch zu erkennen – aber das wird nicht so bleiben. Und wenn Sie Ihren Kindern erklärt haben, wie wichtig ein Fahrradhelm ist, um den Kopf zu schützen – wie wollen Sie ihnen dann gleichzeitig erklären, dass das für Sie selbst nicht gilt? Dass für Sie plötzlich die Frage des Aussehens wichtiger ist als die Frage der Gesundheit und der Sicherheit? Haben Ihre Kinder, die ja das Gefahrenargument ernst nehmen, nicht dann vielleicht sogar Angst um Sie? Oder entkräften Sie dieses Argument durch Ihr Verhalten – und auch Ihre Kinder sehen dann nicht mehr ein, warum nicht auch für sie Bequemlichkeit und Schönheit Vorrang vor Gesundheit und Sicherheit haben sollten? Als Frau, die Fahrradhelme wirklich auch nicht mag, fände ich es trotzdem sinnvoll, an dieser Stelle auf die Frisur zu pfeifen. Wenigstens, wenn Ihre Kinder Sie sehen können. Vielleicht kommt ja irgendwann einmal die Fahrradhelmpflicht, dann müssten wir uns nicht mehr mit dieser Frage beschäftigen.

 Sie haben in diesem Fall Glück: Sie sind erwachsen. Sie dürfen machen, was Sie wollen – sogar richtig dumme Dinge wie keinen Fahrradhelm tragen. Ihre Kinder müssen das akzeptieren, sie sind eben noch Kinder.

Am besten erklären Sie es einfach so, wie es ist: Ihre Frisur ist Ihnen im Moment wichtiger als Ihre eigene Sicherheit. Die Kinder scheinen sich ja trotzdem klar darüber zu sein, dass der Fahrradhelm einen wichtigen Schutz beim Fahren im Straßenverkehr darstellt, sie ziehen ihn ja an. Wenn Ihre Kinder den Widerspruch irgendwann selbst erkennen, müssen Sie erneut in sich gehen. Vielleicht können Ihre Kinder andersherum dann mit guten Argumenten auch Ihr Sicherheitsbewusstsein neu entfachen.

Ich selbst bin mein Leben lang leidenschaftlich gerne Schlittschuh gelaufen, doch in den letzten Jahren konnten die Eisbahnen immer nur mit großem Energieaufwand hergestellt werden. Und das wird sich bestimmt nicht so bald ändern. **MUSS ICH AUFS SCHLITTSCHUH-LAUFEN VERZICHTEN?** Oder soll ich meinen Kindern meine Leidenschaft trotzdem näherbringen?

Marion U.

Es ist großartig, dass Sie die ökologischen Auswirkungen Ihres Verhaltens so genau reflektieren. Da Sie das auf diesem Gebiet tun, vermute ich, Sie tun es auch in anderen Bereichen – und sind darum wahrscheinlich eher unterdurchschnittlich in Ihrem Energieverbrauch. Und nun wollen Sie auch noch eine Leidenschaft aufgeben und nicht an Ihre Kinder weitergeben, die eigentlich gesund und toll ist und zudem für Ihre Beziehung zueinander – gemeinsam Spaß haben! – wichtig sein könnte? Ich würde hier einfach mal, politisch vollkommen unkorrekt, beide Augen zudrücken. Es sei denn, Sie sehen eine vergleichbar schöne Alternative. Achten Sie dafür anderswo noch mal doppelt so stark auf Ihre CO_2-Bilanz, fahren Sie Bahn und Fahrrad! Vermutlich tun Sie das ohnehin schon, aber Sie sehen, ich suche nach einer ethisch vertretbaren Lösung. Vielleicht finden Ihre Kinder ja gar keinen Gefallen am Schlittschuhlaufen? Vielleicht friert irgendwann auch wieder ein Teich in Ihrer Nähe zu? Wenn Eltern eine Leidenschaft haben, ist es toll, sie mit den Kindern zu teilen. Vielleicht teilen Ihre Kinder dann auch später Ihr ökologisches Verantwortungsbewusstsein.

Freude hat nicht wirklich viel mit »Realistisch sein« zu tun. Es könnte zwar noch eine Weile dauern, bis Ihre Kinder auf Seen und Kanälen Schlittschuh laufen können. Aber die Erfahrung, Leidenschaften an Kinder weiter geben zu können, ist mindestens so wichtig. Also verleugnen Sie nicht, was Ihnen am Herzen liegt.

Ich finde: Ja! Wenn Sie Freude daran haben, dann sollten Sie mit Ihren Kindern Schlittschuh laufen gehen und diese Zeit auch genießen. Wenn Sie einerseits diese Leidenschaft weitergeben, dann können Sie andererseits ja dennoch gleichzeitig bewusst damit umgehen, dass dies auf Eisbahnen nur möglich ist, weil dafür ein hoher Energieaufwand betrieben wird. Sie können mit Ihren Kindern über die Umwelt und das, was Sie dabei bewegt, sprechen. Also auch, welche Haltung Sie dazu haben, wie es früher war und wie es heute ist. Als wichtig empfinde ich vor allem, bei den Kindern ein Bewusstsein für die Zusammenhänge zu schaffen. Und: Die letzten Winter waren zeitweise so kalt, dass auch Schlittschuhfahren auf zugefrorenen Seen möglich war.

Neulich war ich bei meiner Schwester zu Besuch. Um meine Mails zu lesen, durfte ich den Rechner meines Schwagers benutzen. Nachdem er mit seinem Passwort den Computer für mich freigegeben hatte, starrten wir zusammen auf den Bildschirm, auf dem noch geöffnete Internetseiten zu sehen waren – lauter Pornos. Er klickte schnell alles weg und sagte kein Wort mehr dazu. **MUSS ICH MEINER SCHWESTER ERZÄHLEN, WAS IHR MANN SICH SO ALLES IM INTERNET ANGUCKT?** *Sabine U.*

Wie schwierig! Für mich hängt in dieser Situation alles davon ab, wie Sie die Ehe Ihrer Schwester erleben. Denn Sie sind hier ja – natürlich gegen Ihren Willen – ganz tief in die intimste Privatsphäre Ihres Schwagers eingedrungen. Wahrscheinlich (genau wissen können Sie das natürlich nicht) hält er das auch vor seiner Frau geheim und daher würde in diesem Fall das Diskretionsgebot gelten, solange niemand geschädigt wird. Sie schreiben ja nicht, dass es sich um Kinderpornos gehandelt hat, und Sie schreiben auch nicht, dass es Probleme in der Ehe Ihrer Schwester gibt. So schwer das vielleicht auch nachzuvollziehen sein mag: Offenbar gibt es gar nicht so wenige Männer, die trotz einer glücklichen Beziehung das Bedürfnis haben, sich pornografische Filme im Internet anzusehen. Wenn also die Ehe Ihrer Schwester glücklich ist, frage ich mich, warum Sie sie dann durch diese Informationen, die eigentlich gar nicht für Ihre Augen bestimmt waren, belasten sollten? Manchmal muss man ein Geheimnis aushalten können. Anders sieht es vielleicht aus, wenn Ihre Schwester Ihnen schon oft ihr Leid über ihre Ehe geklagt hat.

Wenn Sie diese Situation weiterhin beschäftigt, sollten Sie mit Ihrem Schwager darüber reden. Denn das, was er sich im Internet anguckt, gehört schließlich zu seinem Privatleben. Wenn Sie glauben, dass Ihre Schwester auch unbedingt davon erfahren muss, können Sie ihn dazu ermutigen, mit ihr darüber zu sprechen. Sollte

Ihr Schwager das jedoch nicht wollen, sollten Sie schließlich über Ihre eigenen moralischen Vorstellungen nachdenken und sich folgende Fragen stellen: Müssen Sie Ihre Schwester »schützen«, und wenn ja, wovor eigentlich? Und ist es für Sie moralisch richtig, im schlimmsten Fall eine Ehe zu stören oder gar zu zerstören? Diese Fragen können Sie nur sich selbst beantworten.

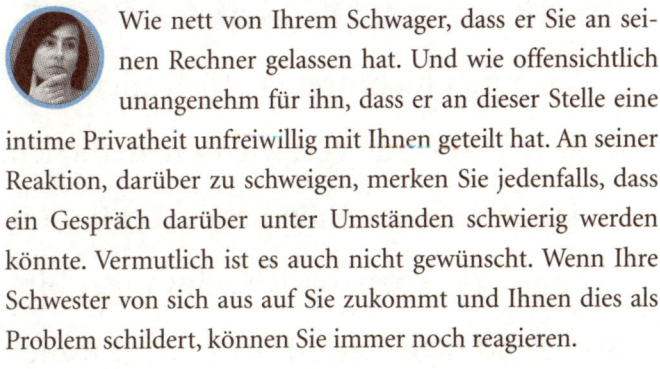 Wie nett von Ihrem Schwager, dass er Sie an seinen Rechner gelassen hat. Und wie offensichtlich unangenehm für ihn, dass er an dieser Stelle eine intime Privatheit unfreiwillig mit Ihnen geteilt hat. An seiner Reaktion, darüber zu schweigen, merken Sie jedenfalls, dass ein Gespräch darüber unter Umständen schwierig werden könnte. Vermutlich ist es auch nicht gewünscht. Wenn Ihre Schwester von sich aus auf Sie zukommt und Ihnen dies als Problem schildert, können Sie immer noch reagieren.

Ich habe drei Kinder. **DER BAUCH IST NACH DER LETZTEN SCHWANGERSCHAFT NICHT MEHR GANZ WEGGEGANGEN.** Was mich nicht weiter stört, allerdings werde ich – gerade von Menschen, die ich lange nicht gesehen habe – oft darauf angesprochen, ob ich schwanger bin. Strahlend sagen sie: »Darf man gratulieren?« Ich finde das unerträglich, stammle dann nur rum. Wie reagiere ich am besten darauf? *Veronika P.*

 Ich kann gut verstehen, dass Sie das nervt. Aber da Sie schon drei Kinder haben, können sich Freunde und Bekannte vielleicht gerade bei Ihnen durchaus vorstellen, dass auch noch ein viertes Kind unterwegs ist. Eine Frau ohne Kinder, nicht schwanger und mit einem vergleichbaren Bauch (denn den gibt es durchaus auch bei Frauen, die keine Kinder geboren haben!), würden sie vielleicht gar nicht so selbstverständlich fragen. Und es gibt ja diese stillschweigende Vereinbarung, dass Schwangere auch von vollkommen Fremden gefragt werden dürfen, wann es denn so weit sei. Eine Schwangerschaft ist eben immer öffentlich. Merkwürdigerweise wird das in unserer Gesellschaft kaum als übergriffig empfunden, und es ist in der Regel auch positiv gemeint. Auf die Frage nach der Gratulation könnten Sie doch einfach antworten: »Ja! Zu meinen tollen drei Kindern!« Damit wäre alles klar und die Situation auch nicht mehr so peinlich, wenn Sie selbst kein Unbehagen zeigen. Und warum sollten Sie das auch tun? Nach drei Kindern eine Figur zu haben wie Heidi Klum ist vermutlich den wenigsten Müttern möglich. Dafür braucht man in der Regel eine Menge Zeit und möglichst noch viel Geld für einen Personal Coach und für die Kinderbetreuung während des Trainings. Und das ist vollkommen unnötig!

 Ich kann Ihre Reaktion auf diese Fragen gut verstehen und schlage folgende Antworten vor, die Sie anbringen können – je nachdem, wie Sie den

Humor der einzelnen Person, die Sie zu Ihrem Bauch befragt, einschätzen: 1. Nein, Sie dürfen mir nicht gratulieren. Ehrlich gesagt, fühle ich mich wegen meines Bauches schrecklich. 2. Nein, Sie dürfen mir nicht gratulieren. Denn mein Bauch ist ein Geschenk meiner drei Kinder, über das ich nicht so richtig glücklich bin. 3. Nein, Sie dürfen mir nicht gratulieren, aber Sie dürfen mich gerne bemitleiden. 4. Nein, Sie dürfen mir nicht gratulieren. Denn das hier ist mein Nach-dem-Baby-Fett. Damit wünsche ich Ihnen viel Glück!

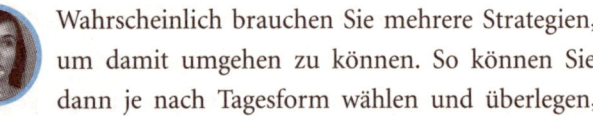 Wahrscheinlich brauchen Sie mehrere Strategien, um damit umgehen zu können. So können Sie dann je nach Tagesform wählen und überlegen, welche Ebene heute und in diesem Moment zu Ihnen passt. Zum Beispiel könnten Sie mit Humor reagieren und sich einen flotten Spruch ausdenken, den Sie dann der jeweiligen Person und ihren Glückwünschen entgegnen. Sie können auch eine ernsthafte Rückmeldung geben und sagen, dass es Sie kränkt und anstrengt, wenn jemand Sie so wenig feinfühlig auf Ihre Figur anspricht. Lassen Sie sich aber nicht verunsichern: Sie sind okay so, wie Sie sind. Manchmal kommt es in unserer Gesellschaft zu Grenzüberschreitungen, und dann ist es gut, wenn wir ein paar Sätze parat haben, die uns schnell dabei helfen, uns anderen gegenüber deutlich abzugrenzen und zu positionieren.

Unsere 7 Monate alte Tochter schläft wenig und will nicht alleine sein. Also tragen wir sie viel im Tuch, einer von uns ist immer bei ihr. **MEINE ELTERN BEHAUPTEN, WIR WÜRDEN UNSER KIND VERWEICH-LICHEN.** Mich verletzt, dass sie unsere Kompetenz infrage stellen. Reden bringt nichts. Wie kann ich also für stressfreien Kontakt sorgen und zeigen, dass es viele richtige Arten der Erziehung gibt? *Julia T.*

Ein sieben Monate altes Kind kann man kaum verweichlichen: Wenn Ihre Tochter und Sie sich so wohlfühlen, ist doch alles wunderbar! Manche Kinder brauchen sehr viel Nähe. Eine deutliche Grenze würde ich aber ziehen, wenn sich alles und alle nur noch nach ihren Bedürfnissen richten müssen. Nicht, weil Sie Ihr Kind damit verweichlichen würden, nur: So hat die Natur sich die Entwicklung kleiner Menschen sicher nicht vorgestellt. Schon wenn ein zweites Kind kommt, ist es nicht mehr möglich, dass sich alles nach jedem Kind richtet. Darum sind gerade kleine Kinder, solange sie sich sicher und geliebt fühlen, unglaublich adaptionsfähig und in der Lage, sich neuen Menschen und Situationen neugierig und begeistert zuzuwenden. Dazu ist es überhaupt nicht nötig, dass sie die ganze Zeit im Mittelpunkt stehen. Wenn sie etwa bei Familientreffen einfach dabei sind, reicht ihnen das vielfach schon aus. Sie werden Ihre Eltern kaum umerziehen können. Aber ein vergnügtes Kind, das sich gut entwickelt und trotzdem seine Umgebung nicht permanent in Schach hält, wird sie vielleicht überzeugen.

Zunächst möchte ich mich an die Großeltern richten: Wenn Sie darüber diskutieren wollen, wie Ihre Kinder ihre Kinder großziehen, sollten Sie sicher sein, dass dies auch gewünscht ist. Fragen Sie, ob Sie Ihre Gedanken teilen dürfen. Allerdings bedeutet ein Nein auch Nein. Und Frau T.: Was Sie zu dem Schluss kommen lässt, dass Ihre Tochter nicht alleine sein will, weiß ich nicht. Ich mache mir keine Sorgen um die Entwicklung Ihres Kindes, aber so können Sie die nächsten Jahre nicht weitermachen. Sie gewöhnt sich gerade daran, Ihnen immer nah zu sein, und daher wird sie vielleicht panisch, wenn Sie sie alleine zum Spielen auf dem Boden legen. Sie helfen ihr vermutlich dabei, sich etwas anzugewöhnen, das Ihnen allen Ärger einbringen könnte, aber auch das weiß natürlich niemand mit Sicherheit. Also tun Sie das, was Sie richtig finden, und lassen Sie sich vom Leben erziehen anstatt von Großeltern oder »Experten«.

 In Deutschland galt lange die Prämisse: Das Kind ist ein Tyrann, den es zu bändigen gilt, und zwar schon als Säugling. Das bedeutete: schreien lassen, es nicht auf den Arm nehmen, überhaupt nicht zu viel Aufmerksamkeit und Nähe. Ich erzähle Ihnen das, weil ich möchte, dass Sie verstehen, wo diese »Ammenmärchen« von verwöhnten Säuglingen herkommen. Diskutieren Sie nicht mit Ihren Eltern, sondern sagen Sie nur: »Ich höre, was ihr sagt, und mache es so, wie ich es für richtig halte.« Ich möchte Sie in Ihrem Gefühl bestärken, dass Sie für Ihre Tochter so sein dürfen, wie Sie sind. Sie wird Ihnen nicht auf der Nase herumtanzen, sondern ein tiefes Vertrauen entwickeln. Ihr feinfühliges Verhalten führt zu einer sicheren Bindung zwischen Ihnen und Ihrer Tochter. Ihr Kind braucht Sie, es sucht bei Ihnen Wärme, Geborgenheit und Schutz. Diese Form von Kontakt und Interaktion ist die Voraussetzung von Dialog und die Grundlage von Beziehung. Lassen Sie sich nicht verunsichern.

»Manchmal tut es einfach gut, die Wahrheit zu sagen.«

Jesper Juul

CHEF-
DIPLOMATIE

Als etwas größere Familie mit vier Kindern sind wir magisch anziehend für Paare, die nur ein Kind haben. »Schau mal«, sagen sie dann zu ihrem Nachwuchs, zum Beispiel im Urlaub am Strand, »da spielen schon welche – möchtest du nicht mitspielen?« Dann geben die Paare ihre Kinder bei uns ab und verschwinden allein ins nächste Café. **DÜRFEN FREMDE ELTERN IHRE KINDER BEI UNS ABGEBEN?** *Markus L.*

 Wie gemein! Bestimmt möchten Sie auch gerne mal ohne Kinder ins Café. Wie wäre es denn mit dem folgenden Szenario: Wenn das Paar sein Kind später bei Ihnen abholt, vielleicht sogar schon, wenn es aufbricht, sagen Sie strahlend, wie sehr Sie sich freuen, dass die Kinder sich so gut verstehen. Und morgen könnte doch dann das andere Paar auf die fünf aufpassen, während Sie Ihren Kaffee trinken. Dann könnten die Kinder auch am nächsten Tag wieder zusammen spielen. Wenigstens den Versuch wäre es wert!

 Folgenden Satz, in Ihren eigenen Worten natürlich, finde ich überlegenswert: »Unsere Kinder wollen gefragt werden, ob sie neue Spielkameraden wollen – und genauso wollen wir als Eltern gefragt werden, wenn wir für andere Kinder die Verantwortung übernehmen sollen.« So ein Satz ist ein kompletter Bruch der gewöhnlichen sozialen Regeln. Aber er trägt auch eine enorme Kraft in sich, weil es manchmal einfach guttut, die Wahrheit zu sagen. Riskieren Sie Kritik oder Widerstand!

 Wenn Sie keine Verantwortung für mehr als Ihre vier Kinder übernehmen wollen, dann sollten Sie das klar äußern und den Eltern sagen, bevor diese ins nächste Café verschwinden. Offensichtlich positionieren Sie sich hier nicht deutlich genug und lassen sich an dieser Stelle schnell mehr Verantwortung geben, als Sie wollen. Ich

als Mutter von vier Kindern kenne das Phänomen so, wie Sie es beschreiben, nicht wirklich, gehöre aber auch zu denen, die sich noch heute über Freunde und Spielkameraden freuen, die dazukommen.

Wenn unser vegan lebender Schwiegersohn zu Gast ist, haben wir bisher unser
Menü diskret nach ihm ausgerichtet. Doch
zuletzt gab es vorab große Diskussionen,
etwa ob sein Essen auf demselben Grill
zubereitet wird. Er erschien verschnupft
und grillte erst, nachdem wir fertig waren.
Wir freuen uns über den Besuch, aber:

MÜSSEN WIR UNS IMMER NACH UNSEREM SCHWIEGER- SOHN RICHTEN? *Achim F.*

 Dass Sie bisher versucht haben, für Ihren Schwiegersohn vegan zu kochen, finde ich prima und selbstverständlich gleichermaßen. So, wie Sie seine Entscheidung respektieren, sollte er auch Ihre ohne Vorwürfe akzeptieren können (und seien die Vorwürfe auch nur unausgesprochen, mimisch-gestisch, atmosphärisch), alles andere erschiene mir etwas selbstgerecht. Sie schreiben, Sie hätten bisher »diskret« Ihre Menüwahl nach Ihrem Schwiegersohn ausgerichtet. Offenbar haben Sie das Thema also nicht besprochen. Das wäre für mich unbedingt der erste Schritt. Zu gelingenden Familienbeziehungen (die man sich ja nicht, wie Freundschaften, ausgesucht hat und die im Prinzip unkündbar sind) gehört eben auch, dass man sich gegenseitig respektiert und auch bespricht, dass man Entscheidungen des anderen nicht teilt und warum – es dann aber dabei belässt und nicht permanent versucht, den anderen zum eigenen Glauben zu konvertieren. (Wie geht es denn Ihrer Tochter damit? Es klingt nicht, als äße sie auch vegan. Wie handhabt sie die Situation also bei sich zu Hause?)

 Ich bin seit vierzig Jahren der Koch in unserer Familie, daher habe ich Verständnis für Ihren Wunsch, jedes Mitglied und jede Vorliebe bei Familienmahlzeiten zu berücksichtigen. Aber ich empfehle, Ihr Dilemma offen anzusprechen, bevor Sie von Ihrem Schwiegersohn richtig genervt sind. Sagen Sie: »Ich möchte dir wirklich entgegenkommen, aber oft weiß ich nicht, wie ich das tun

soll, also brauche ich deine Hilfe. Darf ich dich anrufen, bevor du zu Besuch kommst, und mit dir über das Menü sprechen?« Wenn Ihr Schwiegersohn sozial kompetent ist und Fingerspitzengefühl hat, wird er Ihren Vorschlag nicht nur begrüßen, sondern Sie künftig auch in der Küche unterstützen.

 Das können Sie, müssen aber nicht. Es liegt in Ihrer Hand und hängt von Ihrem Bedürfnis ab. Ich weiß nicht, wie oft Sie Ihre Tochter sehen und wie häufig Sie sich gezwungen sehen, Ihr Menü nach Ihrem Schwiegersohn auszurichten. Entweder Sie machen alles so weiter wie bisher. Dann leben Sie mit leichtem Unwohlsein und Ihr Schwiegersohn mit einer leichten Verstimmung. Oder Sie suchen mit Ihrer Tochter und deren Mann das offene, wertschätzende Gespräch und sprechen Ihre Frage offen an. Möglichst unvoreingenommen, ohne Vorwurf, ohne Vorbehalt und mit echtem Interesse. Zum Beispiel: Wie können wir uns die Zeit, die wir miteinander haben, so schön wie möglich machen? Wie hättet ihr es gerne, und was können wir tun, damit hier keiner »verschnupft« ist? Wenn Sie es schaffen, einen wertschätzenden und verständnisvollen Dialog zu führen, in dem Sie sich einander zuwenden, dem anderen zuhören und sich alle für die Beweggründe des anderen interessieren, werden sich alle Beteiligten ernst genommen fühlen. Vielleicht haben Sie nicht sofort eine Lösung, aber die Chance, über Ihren Schwiegersohn zu erfahren, wie und warum er so lebt und was ihm wichtig ist. Daraus kann Neues erwachsen.

In meinem Freundeskreis gibt es wenige Kinderlose. Wenn wir uns sehen, passiert oft Folgendes: **DAS GESPRÄCH GEHT FAST NUR UM DEN NACHWUCHS.** Die ohne Kind nervt das. Doch eine Freundin, die mit drei Kindern zu Hause ist, meint, wenn sie darüber nicht mehr reden dürfe, müsste sie schweigen. Was können wir tun? *Nina I.*

Das Problem, das Sie beschreiben, taucht in allen Freundeskreisen irgendwann mal auf. Helfen kann hier nur gegenseitige Sensibilität. Denn es macht ja zum Beispiel einen großen Unterschied, ob ein Paar oder auch eine Einzelperson freiwillig kinderlos geblieben und einfach nur genervt ist von diesem Dauerthema. Oder ob sich das Paar oder die Person seit Jahren nach einem Kind sehnt und diese Gespräche über die Kinder der anderen daher kaum ertragen kann, weil dabei ständig an den eigenen tiefsten Wunden gerührt wird. Einerseits müssen die kinderlosen Freundinnen und Freunde begreifen, dass die Kinder für Eltern über viele Jahre das Thema sind, das ihnen emotional am nächsten liegt und sie deswegen so beschäftigt. Wenn sie das nicht ertragen können, werden sie vermutlich von selbst irgendwann den gemeinsamen Treffen fernbleiben. Andererseits sollte es natürlich auch für Eltern noch andere Themen geben als nur ihre Kinder. Sie können also ganz bewusst darauf achten, dass diese auch bei den Zusammenkünften besprochen werden, indem Sie diese Themen selbst anschneiden oder in das Gespräch einsteigen, wenn andere das tun.

Meiner Erfahrung nach ist es unmöglich, so etwas zu regeln. Es ist so, als lade man eine Fußballmannschaft zum Abendessen ein, aber dann erwartet man von ihnen, dass am Tisch nur über Literatur gesprochen wird.

In der Regel ist es so, dass Menschen in ähnlichen Lebenssituationen einen intensiven Austausch miteinander erleben können – eben weil sie auf gefühlt größeres Verständnis und vielleicht auch auf die innigere Empathie stoßen oder auch weil sie hören können, wie andere mit bestimmten Situationen, die sie selbst kennen, umgehen. Gerade bei der Erziehung von Kindern kann das sehr hilfreich sein. Vielleicht können Sie aber all Ihre Gedanken im Freundeskreis offen ansprechen und gemeinsam überlegen, wie Sie als Gruppe damit umgehen wollen? Vielleicht ist es den Freunden, die nicht über eigene Erfahrungen als Mutter oder Vater verfügen, nur manchmal zu viel und Sie finden zusammen eine Art »Dosierung« für die Kinderthemen. Vielleicht ist auch ein Zeichen sinnvoll, mit dem diejenigen, denen es zu viel wird, signalisieren können: Jetzt ist es genug. Dann haben andere Themen auch mal die Chance, »auf den Tisch« zu kommen. Gutes Gelingen.

MEIN BESTER FREUND HAT SEINE FRAU JAHRELANG BETROGEN. Jetzt ist alles aufgeflogen und sie hat ihn rausgeschmissen. Er will sie unbedingt zurück, aber der Grund ist wohl, dass alles, was daheim schön und bequem war, nun weggefallen ist. Er hat oft gesagt, dass er sie nicht mehr liebt – und schlimmer noch: nicht mehr ertragen kann. Ich bin am Ende mit meinen Ratschlägen. *Hans K.*

Vermutlich analysieren Sie das Verhalten und die Beweggründe Ihres Freundes relativ realistisch. Trotzdem ist es nicht Ihre Aufgabe, ihm Ratschläge zu geben – selbst wenn er sie einfordern sollte. Was für Sie (auch in einer vergleichbaren Situation) richtig wäre, kann für ihn gänzlich falsch sein. Darum: Erwarten Sie nicht von sich, dass Sie Lösungen für ihn finden können, die nur er finden kann.

Ich weiß nicht, was Sie zu Ihrem Freund sagen könnten. Aber ich möchte Sie ermutigen, sich daran zu erinnern, dass ein guter Freund jemand ist, der einem das sagt, was man hören muss, wenn man genau das nicht hören will. Der Rest der Menschen um einen herum sind diejenigen, die einem immer nur sagen, was man gerade hören möchte. Ihr Freund hat ernsthafte Probleme und wird sich bald inmitten einer ausgewachsenen existenziellen Krise befinden, die sein Selbstbild für immer verändern wird. Dann wird er zumindest einen guten Freund brauchen, der seine Energie nicht mit moralistischer Kritik vergeudet. Ich hoffe – für Sie beide –, dass Sie sich mit ganzem Herzen dazu entscheiden, sein Freund zu sein.

Ihr Freund hat mit dem jahrelangen Hintergehen das Vertrauen seiner Partnerin sicher schwer beschädigt und vermutlich wird seine Frau im Moment keine Möglichkeit sehen, sich emotional neu und unvorbelastet einfach so auf einen neuen Versuch mit ihm einzulassen. Aus meiner Sicht wird ein neues Aufeinanderzugehen nur mit externer Unterstützung möglich sein, zum Beispiel mit einer Paarberatung. Als Freund können Sie ihm Folgendes vorschlagen: Ihr Freund könnte seine Partnerin einladen, mit ihm gemeinsam einen Therapeuten aufzusuchen.

Das Ziel wäre hier nicht, dass die beiden wieder zusammenkommen, sondern zunächst gemeinsam herausfinden, was jeder der beiden möchte und wo jeder für sich im Moment steht. Dann könnte ein zweiter Schritt die Überlegung sein, ob nochmals ein Versuch miteinander als Paar sinnvoll sein kann und was jeder der beiden hierfür braucht.

Ich, in einer Beziehung, kinderlos, feiere Weihnachten immer mit meinen Eltern und der Familie meines Bruders (zwei Kinder, 8 und 10). Bei mir waren wir noch nie. Und so habe ich seit 22 Jahren kein Weihnachten in meinem Zuhause verbracht. **ICH WILL WEIHNACHTEN AUCH MAL BEI MIR FEIERN!** Ist es egoistisch, zu verlangen, dass alle mal zu mir kommen sollen? *Brigitte L.*

Ich finde den Wunsch nachvollziehbar. Aber selbst wenn es in Ihrer Wohnung keine weißen Teppiche gibt, die Kinder an diesem Tag zu ständiger Vorsicht (und Sie zu ständiger Anspannung) zwingen würden: Die Vorfreude hat sich über Wochen aufgebaut, keineswegs nur auf die Geschenke, sondern auf das gesamte Ritual. In der Regel sind Kinder Traditionalisten und möchten, dass Weihnachten immer gleich bleibt. Lässt sich das Thema nicht offen besprechen, sogar mit den Kindern? Wenn Sie merken: Eigentlich möchten alle bei dem gewohnten Ablauf bleiben, erscheint mir Weihnachten nicht als der geeignete Zeitpunkt, an dem man Missstimmungen in Kauf nehmen sollte. Schon in wenigen Jahren sind die Kinder so alt, dass die oben genannten Argumente keine Rolle mehr spielen. Warum also nicht noch so lange warten? Ich kann mir gut vorstellen, dass Ihr Bruder dann sogar glücklich ist, von den umfangreichen Weihnachtsvorbereitungen auch mal entlastet zu werden!

Ich verstehe nicht, warum Sie das Wort »verlangen« benutzen. Das hört sich so an, als wäre Ihre Familie etwas Geschäftliches. Das kommt wohl daher, dass Sie von diesem Familiengesetz frustriert sind. Aber: Es ist Ihr Leben. Sie können Weihnachten feiern, wo und mit wem Sie wollen. Lassen Sie das Ihre Familie wissen, auf eine freundliche und liebevolle Art. Es kann sein, dass sie sich zurückgewiesen fühlen und dass Sie sich unbeliebt machen. Aber wenn es in Ihrer Familie nicht erlaubt ist, sich eigene

Wünsche zu erfüllen, wird es Zeit für eine Nachhilfestunde in Sachen Liebe. Traditionen sind etwas Schönes, aber wenn das Pflichtgefühl größer ist als die Freude, ist es Zeit, etwas zu verändern.

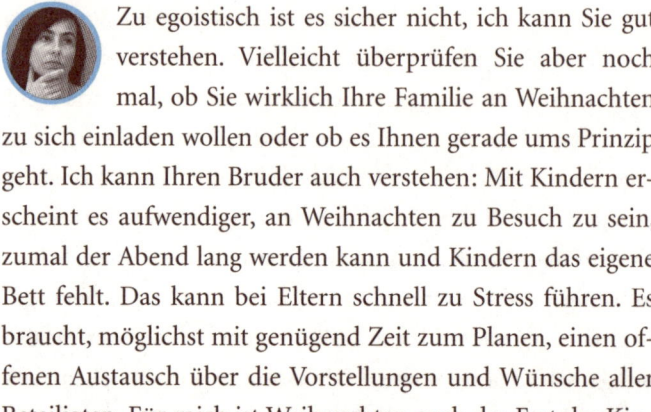 Zu egoistisch ist es sicher nicht, ich kann Sie gut verstehen. Vielleicht überprüfen Sie aber noch mal, ob Sie wirklich Ihre Familie an Weihnachten zu sich einladen wollen oder ob es Ihnen gerade ums Prinzip geht. Ich kann Ihren Bruder auch verstehen: Mit Kindern erscheint es aufwendiger, an Weihnachten zu Besuch zu sein, zumal der Abend lang werden kann und Kindern das eigene Bett fehlt. Das kann bei Eltern schnell zu Stress führen. Es braucht, möglichst mit genügend Zeit zum Planen, einen offenen Austausch über die Vorstellungen und Wünsche aller Beteiligten. Für mich ist Weihnachten auch das Fest der Kinder und so würde ich versuchen, einen Kompromiss im Sinne der Kleinsten zu finden. Also: Wo ist die beste Umgebung für die Kinder? Denn wenn die entspannt sind, können auch wir Erwachsene uns zurücklehnen und Weihnachten genießen.

Wenn ich meinen Ex-Mann nicht an seine Töchter (2 und 6) erinnern würde, käme er nie zu Besuch. Die Große ist sehr enttäuscht und sagt, dass sie ihren Papa zwar lieb hat, meinen neuen Freund aber viel mehr. Der kümmert sich sehr um sie. **MUSS ICH DEN KINDERN IHREN VATER BEWUSST BESSER VERKAUFEN?** Oder ist er selbst schuld, wenn sie sich von ihm entfernen?

Saskia K.

Großartig, dass Ihr neuer Freund sich so um die Kinder kümmert. Und genauso großartig, dass Sie sich darum bemühen, dass der Vater Ihrer Kinder den Kontakt hält. Denn egal, wie er sich konkret verhält: Der leibliche Vater wird für die Mädchen immer wichtig sein. Jeder Mensch hat ein Bedürfnis, seine Wurzeln zu kennen und eine Verbindung zu ihnen zu haben – in manchen Phasen des Lebens mehr, in anderen weniger. Und darum ist es für Ihre Kinder unter Umständen schmerzhafter, wenn der Vater keinen Kontakt zu ihnen hält oder sie mit einem negativen Bild von ihm leben müssen. Natürlich sollten Sie nicht lügen, aber werben Sie – jeweils altersgemäß – um Verständnis für sein Verhalten, wie schwer es Ihnen auch fallen mag. Übrigens muss die Liebe zum leiblichen Vater natürlich überhaupt keine Konkurrenz zu Ihrem jetzigen Partner bedeuten. Kinder können problemlos zwei Väter lieben. Auch Eltern lieben ja umgekehrt mehrere Kinder auf unterschiedliche Weise. Darum ist Ihre Unterstützung hier so wichtig.

Ich empfehle Ihnen, die Schuldfrage außen vor zu lassen und sich stattdessen auf die Verantwortung Ihres Ex-Manns zu konzentrieren, die er für den Kontakt zu seinen Kindern hat. Ihre Töchter werden versuchen müssen, mit seiner Abwesenheit zurechtzukommen, denn er fehlt ihnen vermutlich sehr. Ich vermute, dass er schon immer verantwortungslos war und dieser Umstand Sie überverantwortlich hat werden lassen. Das hat wohl auch die Trennung verursacht. Hören Sie auf, sein Defizit an Verantwortlichkeit auszugleichen, und steuern Sie Ihre Töchter durch diesen langen Prozess, in dem sie lernen müssen, ihren Vater so zu akzeptieren, wie er ist. Sie können sich nicht von ihm trennen, daher werden sie Ihre Liebe, Geduld und Flexibilität noch viele Jahre brauchen. Lobpreisen oder kritisieren Sie ihn nicht, sagen Sie nur: »Das ist seine Art, gerade euer Vater zu sein. Auch ich hoffe, dass er sich ändert, aber ich kann es nicht erzwingen.«

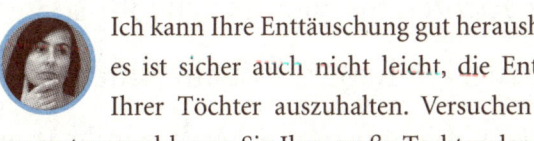 Ich kann Ihre Enttäuschung gut heraushören. Und es ist sicher auch nicht leicht, die Enttäuschung Ihrer Töchter auszuhalten. Versuchen Sie, nicht zu werten, und lassen Sie Ihre große Tochter dennoch nicht allein in ihrem Gefühl der Trauer. Wenn Eltern sich als Paar trennen, besteht die Herausforderung darin, weiterhin gemeinsam Verantwortung zu übernehmen. Wie können Sie also weiterhin Eltern sein? Das geht nur, wenn sich beide gleichermaßen verantwortlich fühlen. Diese Verantwortung liegt auch ganz bei Ihrem Ex – die können Sie ihm nicht abnehmen. Versuchen Sie, direkt mit ihm ins Gespräch zu kommen, und fragen Sie ihn, wie Sie gemeinsam für Ihre Kinder da sein können, wie er sich den Kontakt vorstellt, und ob Sie etwas tun können, um es ihm leichter zu machen, seine Verantwortung als Vater zu übernehmen. Vielleicht ist es für ihn auch nicht leicht, dass Sie einen neuen Partner haben, der scheinbar an seine Stelle tritt.

Seit meine beste Freundin auf den letzten Drücker (mit 43) Mutter geworden ist, erkenne ich sie nicht wieder. Seit vier Jahren dreht sich ihr Leben nur noch um ihre Tochter. Sie sagt, es gehe ihr so gut wie nie. Ich habe selbst ein Kind, kann dieses Aufgehen in der Mutterrolle aber nicht nachvollziehen. Ich sollte mich für sie freuen, in Wahrheit fehlt mir meine Freundin von früher. **WAS TUT MAN, WENN DIE BESTE FREUNDIN NUR NOCH MAMA IST?** *Martha F.*

Ihre Erfahrung ist gar nicht so selten. Gerade Mütter, die ihre Kinder spät bekommen, organisieren ihr Leben häufig vollkommen um ihr Kind herum. Sie haben schon so viel vom Leben gehabt, dass sie sich nun ganz dem Kind widmen können; ganz anders als jüngere Frauen haben sie ihren Lebenshunger auf Reisen, Partys, Kultur, Karriere etc. schon einigermaßen stillen können. Für das Umfeld ist das manchmal schwierig – sowohl für kinderlose Menschen wie auch für Eltern, die ihre Kinder gelassener aufgezogen haben, vor allem dann, wenn von jedem erwartet wird, die gleiche Begeisterung für dieses Kind zu zeigen, wie die Mutter sie empfindet (wenn als Mutter auch zu Recht). Leider sehe ich kaum Möglichkeiten, wie Sie Ihre »Freundin von früher« zurückbekommen könnten. Denn, wie Sie schreiben, ist Ihre Freundin ja glücklich mit ihrem Leben. Der Freundin also fehlt Ihre ehemalige Beziehung in der damaligen Form offenbar nicht. Vorsichtig und ohne Vorwurf ansprechen können Sie das Thema natürlich schon – vermutlich hilft aber nur abzuwarten. Denn ganz allmählich wird sich auch Ihre Freundin wieder allem zuwenden, was das Leben sonst noch ausmacht. Auf die Dauer genügt selbst das wunderbarste Kind nicht als alleiniger Lebensinhalt.

Wie würde wohl Ihre Freundin reagieren, wenn Sie ihr diese Frage zeigen würden, die Sie uns stellen? Oder anders gesagt: Basiert Ihre Freundschaft auf ehrlichen Rückmeldungen oder vielmehr auf Diplomatie?

Aus professioneller Sicht ist meine Reaktion allerdings die folgende: »Das arme Kind!« Das einzige und so bedeutsame Kind im Leben dieser Mutter zu sein ist eine lähmende Bürde. Es ist nicht nur für eine Vierjährige ungesund, in so einer engen Symbiose mit einem Elternteil zu leben, sondern für beide – egal, wer gerade mehr an persönlicher Freiheit opfert.

Verstehe ich Sie richtig, dass Sie eigentlich seit vier Jahren schon in dieser Freundschaft »durchhalten«? Das heißt, Sie haben Ihre Gedanken dazu Ihrer Freundin gegenüber noch nie geäußert? Erstaunlich. Ich frage mich, wie Sie das ausgehalten haben und warum es gerade jetzt für Sie zum Thema wird. Gab es denn einen Auslöser dafür, dass das Thema nun für Sie noch einmal präsent ist? Und warum haben Sie es nicht bereits zu Beginn dieser Entwicklung angesprochen? Sie haben aus meiner Sicht drei Möglichkeiten: 1. Sie gehen jetzt auf Abstand. 2. Sie leben weiterhin damit so wie bisher auch. 3. Sie sprechen Ihre Sehnsucht danach, Ihre »frühere« Freundin wiederzubekommen, offen bei ihr an. Vielleicht finden Sie ja gemeinsam Aspekte von früher, die sich mit Ihrer beider Leben von heute verbinden lassen.

Ich habe ein gutes Verhältnis zu meiner Tochter (32). Neulich saßen wir zusammen, da wollte sie wissen: Mama, war ich eigentlich geplant? Ich habe ihr nie gesagt, dass sie ein »Unfall« war und die Schwangerschaft mein Leben damals ziemlich durcheinandergewirbelt hat. Heute bin ich natürlich sehr froh, dass sie da ist. **MUSS ICH SIE ÜBER DIE UMSTÄNDE IHRER ZEUGUNG AUFKLÄREN?** *Inga K.*

Jeder Mensch hat das Bedürfnis, zu erfahren, wer seine Eltern sind – nicht nur, wer die Mutter ist, sondern auch der Vater. (Es klingt, als hätten Sie Ihrer Tochter auch darüber nichts gesagt.) Das sind wichtige Bausteine der Identität. Die Umstände der Zeugung dagegen – am Strand, im Bett, im Auto, zu viel Alkohol – spielen dafür keine Rolle, die müssen sicher nicht geklärt werden. Warum haben Sie Angst davor, Ihrer Tochter zu erzählen, dass sie ursprünglich nicht geplant war? Sie hat doch jetzt 32 Jahre lang erlebt, dass sie gewollt und geliebt ist! Oder sind Sie in Sorge, dass das Bild, das Sie Ihrer Tochter gegenüber von sich gezeichnet haben, durch diese »Aufklärung« einen Riss bekommen könnte? Dass Ihre Tochter Sie danach anders sieht? Die Wahrheit ist für Ihre Tochter darum jedenfalls nach all diesen schönen gemeinsamen Jahren ganz bestimmt keine Kränkung, sicher kann sie gut damit umgehen. Und wenn sie erfährt, wie sehr sie Ihr Leben durcheinandergewirbelt hat, wird sie vermutlich nur mehr Hochachtung dafür empfinden, wie Sie das Leben mit ihr gemeistert haben. Die Wahrheit wird die Beziehung zwischen Ihnen nicht ändern. Schweigen oder Lügen dagegen wird das auf die Dauer ganz sicher tun.

Ja, bitte erzählen Sie Ihrer Tochter von den Umständen ihrer Zeugung! Die Körper-Geist-Erfahrungen von Müttern sind in dem existenziellen Gefüge ihrer Kinder eingeprägt, allerdings in einer nonverbalen Form. Es ist sinnvoll, diese ganz besonders frühen Abschnitte der gemeinsamen Geschichte mit Kindern zu teilen, vielleicht genau dann, wenn ein Kind Fragen über die Vergangenheit stellt. So wie jetzt Ihre Tochter.

Verbundenheit und Autonomie gehören zu den zentralen Urbedürfnissen und machen uns zu sozialen Wesen. »Wo komme ich her?« ist deshalb eine ganz elementare Frage für jeden Menschen. Man möchte um seine Herkunft und deren Umstände wissen. Denn das gehört zum eigenen Leben dazu, genauso wie die nie endende loyale Bindung zu den Eltern. Sie dürfen deshalb überhaupt mutig sein und brauchen keine Angst davor zu haben, dass sich in der Beziehung Ihrer inzwischen erwachsenen Tochter zu Ihnen etwas verändert. Daher sollten Sie ihr von den Umständen erzählen, unter denen sie geboren wurde. Vielleicht können Sie in der Formulierung achtsam sein. Ob gewollt oder ungeplant: Ein Kind ist nie ein »Unfall«. Mit diesem Bild assoziieren wir Schaden, Unglück, Schmerz und Zerstörung, etwas wie einen Unfall wollen wir alle nicht erleben. Ich verstehe Sie in Ihrer Frage eher so: Ihre Tochter war nicht geplant, aber letztlich doch sehr gewollt. So findet jedes Kind auf seinem Weg zu seinen Eltern und ins Leben. Und natürlich verändert ein Kind das Leben der Eltern immer grundlegend. Davon sollten Sie erzählen, gerade auch weil Sie – wie Sie sagen – ein gutes Verhältnis zu Ihrer Tochter haben. Ich bin überzeugt, dass dies Ihr Verhältnis noch tiefer und intensiver werden lässt. Freuen Sie sich darauf.

*»Vergraben Sie Ihr schlechtes
Gewissen im Wald.«*

Jesper Juul

DAUER-
BRENNER

Wenn ich zur Arbeit gehe, habe ich ein schlechtes Gewissen, weil ich nicht bei meinen Kindern bin. Wenn ich bei meinen Kindern bin, habe ich ein schlechtes Gewissen, dass ich nicht arbeite. Die Folge: **ICH HABE ANDAUERND EIN SCHLECHTES GEWISSEN.** Wie kann ich mich aus diesem unguten Dilemma zwischen Job und Familie lösen? *Nikolaus M.*

Da stecken Sie in haargenau dem Dilemma, das bisher nur berufstätige Mütter kannten. Und es zeigt, wie sehr sich das Selbstverständnis der Väter geändert hat, wenn es Ihnen jetzt genauso geht und wenn Sie sich jetzt genauso verantwortlich für die Kinder fühlen wie früher nur die Mütter. Das ist doch großartig! (Natürlich in der Konsequenz nicht für Sie . . .) Aber wie für Mütter gilt auch für Sie: Ihre Kinder brauchen Sie nicht jede Minute des Tages, wohl aber brauchen sie dann eine gute Betreuung. Viele Untersuchungen zeigen, dass die Kinder von den Anregungen in der Kita enorm profitieren, sowohl was die kognitive als auch was die Entwicklung des Sozialverhaltens betrifft. Wenn also gewährleistet ist, dass Ihre Kinder während Ihrer Abwesenheit gut betreut sind, dann sind sie sicher auch sehr glücklich über einen Vater, der sich in der Zeit, in der er bei ihnen sein kann, wirklich mit ihnen beschäftigt. Das ist für Ihre Kinder viel wichtiger als Ihre permanente Anwesenheit zu Hause. Vielleicht wüssten Sie die Zeit mit den Kindern dann auch gar nicht so zu schätzen und würden sich nicht halb so intensiv auf sie einlassen, wie Sie das jetzt tun können.

Gehen Sie in einen Wald, buddeln Sie dort ein großes Loch und vergraben Sie darin Ihr schlechtes Gewissen. Für immer. Denn das schlechte Gewissen ist weder gerechtfertigt noch tut es irgendjemandem gut – ganz im Gegenteil: Es beschmutzt Ihr Vatersein und den Wert, den Ihr Vatersein hat, ebenso wie den Ihres Jobs. Außer-

dem hindert es Sie daran, Ihr Leben und Ihre Kinder zu genießen.

Sie scheinen hier wirklich in einem unguten Dilemma zu stecken. Für mich stellt sich nur die
Frage, wie Sie dahinein geraten sind? Vielleicht
können Sie zunächst für sich selbst einen Schritt zurücktreten
und überlegen, wie das Gefühl bei Ihnen entstanden ist und
seit wann es Sie begleitet. Woher kommt denn diese innere
Zerrissenheit, wem wollen Sie es recht machen? Gibt es jemanden, der Ihren Druck von außen verstärkt, oder kommt
dieser ausschließlich aus Ihnen heraus zustande? Weiterhin:
Was wäre für Sie denn eine gute und ausreichende Zeit für
beide Bereiche, den Job und die Familie? Sie sollten sich bewusst entscheiden, wann und wie viel Zeit Sie dem einen oder
auch dem anderen Bereich zuwenden, und sich auch selbst
darüber bewusst werden, was Sie wollen und wo Sie eventu-
ell auch nur das Gefühl haben, bestimmten Erwartungen von
außen nicht zu entsprechen. Dabei wünsche ich Ihnen alles
Gute!

Meine Tochter (6) baut gerne riesige Polizeistationen aus Lego. Sie ist so stolz darauf, dass sie mir jede minimale Tiefgaragenveränderung persönlich zeigen will. Wenn ich im Wohnzimmer gemütlich auf dem Sofa liege und ein Buch lese, habe ich aber oft keine Lust, dauernd bewundernd ins Kinderzimmer zu kommen. Deshalb gebe ich ihr mein Handy und lasse sie Fotos von den Bauten machen, die sie mir dann zeigen kann. **ICH WILL NICHT DAUERND GESTÖRT WERDEN.** Ist das o.k.?

Ines S.

Ich finde, Sie dürften sogar einfach nur sagen, dass Sie in einer halben oder einer Stunde kommen und gucken und bis dahin nicht gestört werden möchten – ganz ohne Fotos. Vielleicht tun Sie Ihrer Tochter sogar einen Gefallen, wenn sie erlebt: Nicht jedes Mal, wenn man etwas hinkriegt, wird man dafür gelobt. Dinge, an denen man Spaß hat, tut man einfach nur, weil man Spaß an ihnen hat. In der Schule wird die Lehrerin sicher auch nicht ständig an den Tisch Ihrer Tochter kommen können und sie loben. Übrigens klingt in Ihrer Formulierung, »bewundernd ins Kinderzimmer kommen« ja schon an, dass Sie sich zur Bewunderung geradezu erpresst fühlen; und wie glaubwürdig und echt können dann Ihr Lob und Ihre Begeisterung noch ausfallen? Vielleicht will Ihre Tochter Ihnen gerade deshalb immer noch mehr zeigen, weil sie endlich einmal wirkliche Begeisterung bei Ihnen spüren möchte? Ich finde, Mütter müssen nicht immer gleich ein schlechtes Gewissen haben, wenn sie mal eine Auszeit nehmen. Ich bin überzeugt, eine vergnügte Mutter, die sich auch selbst mal etwas gönnt, macht die Kinder viel glücklicher als eine Sklavin!

Klar, ein Kompromiss, wenn Sie den beide wollen: genau so machen. Andererseits klingt es für mich recht stark nach einer typisch weiblichen Methode, bei der am Ende niemand genau das bekommt, was er eigentlich möchte. Ich gehe nämlich mal davon aus, dass Sie am allerliebsten einfach weiter in Ruhe Ihr Buch lesen wollen, ohne

Fotoherzeige-Unterbrechung. Wenn dem so ist: Bitte sagen Sie das Ihrem Kind. »Ich weiß, es ist dir wichtig, dass ich alles sehe, was du baust. Aber jetzt will ich gerade mein Buch lesen. Gib mir eine Stunde, dann komme ich es anschauen.« Keine Entschuldigungen, keine Erklärungen, keine Versprechen. Dahinter steckt keine Zurückweisung, sondern schlicht und einfach eine klare Aussage. So lernt das Kind, neben anderen Menschen zu existieren. Wenn Ihre Tochter das unglücklich macht oder frustriert, geben Sie ihr einfach einen Kuss als Zeichen, dass Sie es zu schätzen wissen, dass sie ein menschliches Wesen ist. Mädchen und Jungs brauchen Frauen in ihrem Leben, die klare Grenzen zeigen.

Um ein besseres Gefühl für die Situationen zu bekommen, können Sie das ja alles mal umdrehen: Stellen Sie sich vor, Sie möchten Ihrer Tochter etwas erzählen. Sie rufen nach ihr und setzen an, Ihre Geschichte loszuwerden. Ihre Tochter liegt aber gerade gemütlich auf ihrem Bett, spielt und hat offensichtlich keine Lust, zu Ihnen zu kommen und zuzuhören. Sie macht Ihnen deshalb den Vorschlag, dass Sie Ihre Geschichte doch einfach auf Kassette aufnehmen sollten. Später könne sie sich das dann gemütlich vom Bett aus anhören. Wie würden Sie damit umgehen? Vielleicht entsteht bei Ihnen das Gefühl, dass Ihre Tochter an dem, was Sie erzählen, nicht wirklich interessiert ist? Und: Hätten Sie überhaupt Lust, Ihre Geschichten aufzunehmen und die Kassette Ihrer Tochter zu geben? Vielleicht ist das ja mal ganz lustig. Vielleicht trauen Sie sich aber doch lieber, authentisch zu sein und eine klare Botschaft an Ihre Tochter zu senden: Jetzt möchte ich nicht rüberkommen, weil ich gerade lese. Später komme ich aber und schau mir dann auch alles an.

In der Klasse meines elfjährigen Sohnes haben alle Jungs ein Smartphone und tragen T-Shirts von Hollister oder Abercrombie & Fitch. Sie haben neue, neonfarbene Turnschuhe, weil die jetzt »in« sind – und natürlich das sehr teure, offizielle Fußballtrikot. Mein Sohn beklagt sich niemals, dass er das alles nicht hat.

Als Vater aber plagt mich ein permanent schlechtes Gewissen, dass ich auch bei ihm spare(n muss). **MUSS ICH MEINEM KIND MARKENKLAMOTTEN KAUFEN?** *Martin K.*

Sie haben einen tollen Sohn! Natürlich müssen Sie kein schlechtes Gewissen haben, wenn Sie ihm diese Dinge nicht kaufen können. Es liegt ja anscheinend nicht in Ihrer freien Entscheidung. Außerdem: Kinder werden sicher nicht zu zufriedeneren Menschen, wenn sie lernen, nur durch Statussymbole glücklich zu sein. Wer weiß, ob sie später selbst die Mittel dafür haben werden. Ein Problem könnte höchstens die Diskriminierung durch andere Kinder sein, danach klingt es aber bei Ihnen nicht – und außerdem ließe sich das dann vermutlich auch nicht allein durch neonfarbene Turnschuhe beheben. Tatsächlich hängt in der Regel die soziale Akzeptanz gar nicht so sehr von Statussymbolen ab, sondern viel stärker davon, wie ein Kind sich anderen gegenüber verhält. Aber trotzdem – oder gerade deshalb: Wenn Sie können, schenken Sie Ihrem Sohn doch ganz unerwartet mal so ein angesagtes Teil, auch damit er spürt: Es steckt keine Prinzipienreiterei hinter Ihrem Verhalten. Ganz sicher freut er sich über dieses eine Teil mehr als seine Klassenkameraden über ihre sämtlichen T-Shirts und Schuhe zusammen.

Ich wünschte, Sie würden Ihre fürsorglichen Gedanken direkt an Ihren Sohn weitergeben. Erzählen Sie ihm davon und hören Sie ihm zu. Für ein Kind ist das bei Weitem wichtiger und wertvoller als jeder modische Trend, und es schafft eine stabile Grundlage zu Hause, die es leichter macht, mit der sozialen Realität umzugehen. Kinder verhalten sich zu Reichtum und Armut genauso, wie sie es von ihren Eltern kennen: Wenn Eltern sich schämen, arm zu sein, werden die Kinder das Gleiche fühlen. Wenn Eltern stolz auf ihre Besitztümer sind und ihren Reichtum vorzeigen, machen sie ihnen das auch nach. Beide Male besteht das Risiko der sozialen Ausgrenzung und des Mobbings.

 Ich verstehe Ihren Konflikt nicht so ganz, zumindest scheint dieser mit Ihrem Sohn nichts zu tun zu haben. Ihr Sohn »beklagt« sich nicht und vielleicht sind ihm diese Markenrankings gar nicht so wichtig, wie Sie denken. Oder haben Sie den Eindruck, Ihr Sohn ist unglücklich? Mich würde aber interessieren, welche Werte in Ihrer Familie ansonsten gelten und was Ihnen als Vater für Ihre Kinder außer materiellen Dingen noch wichtig ist. Denn vieles, was Eltern ihren Kindern (mit)geben können, ist mit Geld gar nicht aufzuwiegen: sich Zeit füreinander zu nehmen, offen für die Anliegen und Bedürfnisse der Familienmitglieder zu sein, mit Interesse aufeinander zuzugehen und in liebevollem und freundlichem Austausch miteinander zu sein. Dies jedenfalls sind wichtige Grundlagen, auf denen Sie die Fragen, die Sie bewegen, auch mit Ihrem Sohn besprechen können. Reden Sie offen mit ihm und sagen Sie ihm auch, dass Sie sich wünschen würden, manchmal nicht so sehr aufs Geld schauen zu müssen. Ich bin sicher, dass Sie erstaunt sein werden, wie lohnend dieser Austausch mit Ihrem Kind sein kann.

Mein Mann arbeitet seit zwei Jahren in einer anderen Stadt. Wenn er nach Hause kommt, ist unsere Tochter, 7, außer sich vor Freude, aber unser Sohn, 4, zeigt ihm oft die kalte Schulter. Mein Mann ist ein engagierter Vater und ungern von uns getrennt, aber es war anders nicht möglich. **WAS KÖNNEN WIR TUN, DAMIT UNSER SOHN SEINEN WOCHENENDPAPA NICHT ABLEHNT?** Und mit seiner Abwesenheit besser zurechtkommt? *Claudia H.*

Natürlich hat Ihre ältere Tochter ein viel engeres Verhältnis zu ihrem Vater aufbauen können. Ihr Sohn hat ihn dagegen nur zwei Jahre lang als täglichen Papa kennengelernt. Für ihn ist die Rolle dieses Mannes vermutlich unklar: Zwei Tage die Woche ist er da – nur um dann wieder zu verschwinden. Um von diesem regelmäßigen Verrat eines Menschen, der doch zunächst immer Liebe signalisiert, nicht jedes Mal wieder neu verletzt zu werden, muss Ihr Sohn sich wahrscheinlich schützen. Ihre Tochter versteht die berufliche Notwendigkeit der Abwesenheit Ihres Mannes vermutlich schon, Ihr Sohn mit seinen vier Jahren eben noch nicht. »Papa muss arbeiten« ist für einen Vierjährigen in seiner Bedeutung nicht wirklich klar. Warum kann Papa nicht damit aufhören, wenn er mich wirklich lieb hat? Für mich klingt es so, als ob Sie und Ihr Mann schon alles tun, um es für ihn einfacher zu machen, und Patentlösungen fallen mir nicht ein. Vielleicht würde zunächst mal tägliches Skypen helfen? Um zu zeigen: Auch während der Woche ist der Papa wenigstens digital da und möchte hören, was los war.

Als mein Sohn drei Jahre alt war, befand ich mich in einer ähnlichen Situation. Seine Reaktion: Er ließ sich nicht mehr von mir zu Bett bringen. Ein paar Wochen lang musste ich darauf bestehen (und seine Mutter bitten, sich nicht einzumischen) und litt, weil er mir nicht einmal sagte, welches Buch ich vorlesen sollte. Nach einer Weile öffnete er sich und akzeptierte mich wieder. Genau das wäre auch hier mein Vorschlag: Erklärungen werden nicht helfen, weil Ihr Sohn bereits alle Gründe kennt, warum er leiden muss. In dieser Situation werden Sie alle Zeit und Mühe brauchen, um damit umgehen zu können. Aber überlassen Sie die Bewältigung des Problems nicht nur Ihrem Sohn!

An den Reaktionen Ihrer Kinder können Sie sehen, wie emotional unterschiedlich Menschen auf dieselbe Situation reagieren: Ihre Tochter kooperiert vermutlich mit Ihrem Wunsch, es als Familie am Wochenende so harmonisch wie möglich miteinander zu haben. Die Trauer Ihres Sohnes und das Sehnen unter der Woche nach dem Vater scheinen sich hingegen am Wochenende in Ablehnung zu wandeln. Vermutlich ist es ein Mix aus Trauer, Schmerz, Wut und dem Gefühl, nicht wertvoll für den Vater zu sein. Dies führt dazu, dass er sich so abweisend verhalten muss. Versuchen Sie nicht, Ihrem Sohn diese Gefühle auszureden. Vermeiden Sie auch, auf der Vernunftebene zu argumentieren – denn das Gefühl bleibt ja. Was Ihr Sohn braucht, ist ein Vater, der unbedingt an seiner Seite ist, ihn versteht, Zeit mit ihm verbringt, ihn auf den Arm nimmt, mit ihm spielt und ihm sagt, dass er ihn in seiner Trauer versteht und es ihm ähnlich geht. Solche Worte können Wunder bewirken, wenn sie authentisch sind. Denn Kinder merken sofort, wenn Eltern etwas sagen, um ein bestimmtes Ziel zu erreichen. Und: Vielleicht können Sie die »kalte Schulter« in diesem Sinne eher als eine Art Liebeserklärung sehen?

Ich habe zwei Kinder, die ich natürlich beide sehr liebe. Wenn ich aber ehrlich bin, komme ich mit dem jüngeren besser zurecht. Wir stehen uns einfach näher, vielleicht sind wir uns ähnlicher. Aber die Vorstellung, ein Lieblingskind zu haben, lässt mich manchmal an meiner Qualität als Vater zweifeln. **MUSS ICH MEINE ROLLE ÜBERDENKEN?** *Manuel F.*

Niemand liebt jemals zwei Menschen gleich. Wir alle lieben unterschiedliche Menschen unterschiedlich, das ginge gar nicht anders. Es hat auch nicht so sehr viel mit »mehr« oder »weniger« zu tun: Liebe lässt sich nicht quantifizieren. Sie selbst sagen, dass Ihnen der Jüngere ähnlicher ist – natürlich ist da zunächst die Verbundenheit einfacher. Sie finden ja immerzu sich selbst in Ihrem Kind. Außerdem entwickeln sich nicht alle Kinder gleichermaßen geradlinig: Mit dem einen gibt es (vielleicht auch mit der Umwelt) mehr Probleme als mit dem anderen, natürlich haben Sie dann auf eines Ihrer Kinder häufiger einen Zorn als auf das andere. Oder Sie machen sich größere Sorgen um eines der beiden. All das kann sich in den verschiedenen Entwicklungsstadien der Kinder auch noch ständig ändern. Darum: Lieben Sie Ihre Kinder, wie Sie sie lieben. Allein die Tatsache, dass Sie sich deswegen Sorgen machen, zeigt, dass auch Ihr älteres Kind bei Ihnen sicher nicht zu kurz kommt.

Die meisten Kinder haben eine besondere Beziehung zu einem ihrer beiden Eltern, und mit ein wenig Glück erkennt dies das Elternteil auch – so, wie das bei Ihnen der Fall ist. Diese Form der »intuitiven Beziehung« hat jedoch nichts mit emotionaler Liebe zu tun. Das Kind liebt beide Eltern und umgekehrt. Es handelt sich dabei um eine Art der Vertrautheit auf einem viel existenzielleren Level, die Sie zu einem wichtigen Vorbild für Ihren Jüngsten machen. Leider missverstehen dies andere oft als »Du liebst ihn oder sie mehr als mich«, und eines Tages sollten Sie vielleicht Ihrem Ältesten erklären, wie es wirklich ist. Kritisieren Sie sich selbst nicht, sondern genießen Sie Ihre besondere Beziehung und die Liebe, die Sie für beide Kinder empfinden.

Mir ist nicht ganz klar, auf was Sie Ihre Rolle als Vater überdenken wollen? Weil Sie sich als keinen »guten« Vater wahrnehmen, wenn Sie sich einem Ihrer Kinder näher und ähnlicher fühlen? Eltern haben zu jedem Kind eine andere und – wenn Sie so wollen – eine exklusive Bindung und Beziehung. So fühlen sich Eltern ihren Kindern mal mehr oder weniger nah, je nachdem, welche Wesenszüge und Eigenschaften sie in den Kindern wiedererkennen. Der eher zurückhaltende Vater erkennt sich selbst in der introvertierten Tochter wieder, der extrovertierte ältere Bruder ist ihm vom Wesen her deshalb etwas fremder. Dafür liebt der Sohn Lakritz – so wie der Vater! Seine Tochter jedoch mag Blumen sehr, damit kann der Vater wiederum gar nichts anfangen. So sind Eigenheiten, Charakterzüge und Interessen unterschiedlich und Eltern fühlen sich mal mehr und mal weniger zu dem einen oder anderen Kind hingezogen. Wichtig finde ich, dass Sie nie aufhören, sich für das zu interessieren, was die Kinder denken, fühlen und tun. Denn darum geht es. Sie haben es selbst gesagt: Sie lieben beide Kinder sehr. Dass Sie sich dem einen Kind näher fühlen, weil Sie sich in manchen Belangen ähnlicher sind, tut doch Ihrer grundsätzlichen Liebe zu dem anderen Kind keinen Abbruch, oder?

MEINE FRAU ARBEITET, UND ICH KÜMMERE MICH UM HAUSHALT UND KINDER. Seit Kurzem fängt sie nach der Arbeit an zu schimpfen: »Wie sieht es hier aus? Was hast du den ganzen Tag gemacht?« Ich finde das ungerecht, weil diese Arbeitsaufteilung unsere gemeinsame Entscheidung war. Wenn ich das anspreche, kommt es zum Streit. Was kann ich tun? *Klaus L.*

Das ist schwierig – genau wie bei Paaren mit traditioneller Rollenverteilung! Manchmal hat der eine ein anderes Ordnungs- und Sauberkeitsverständnis als der andere. Und manchmal entsteht beim berufstätigen Partner das Gefühl, während er/sie sich mühsam durch den Tag gequält hat, macht sich der/die zu Hause Gebliebene eine vergnügte Zeit, sonst könnte es ja im Haus nicht so aussehen. Spielzeug auf dem Boden, nicht gebügelte Wäsche, schmutzige Töpfe: Wie soll man da abschalten können nach einem anstrengenden Tag? Hat Ihre Frau sich je um Haushalt und Kinder gekümmert? Weiß sie, welche chaotischen Aufgaben zu bewältigen sind, die sich mit unterschiedlichem Alter der Kinder immerzu ändern? Und umgekehrt: Wissen Sie, worauf es Ihrer Frau vor allem ankommt? Männer scheinen gelassener mit dem Thema Haushalt umzugehen, vielleicht, weil sie nicht von Kindheit an darauf vorbereitet worden sind, solche Dinge als wichtige Aufgaben aufzufassen. Ich vermute, das Einzige, was hilft, ist: Reden, ohne gegenseitige Vorwürfe!

Sagen Sie Ihrer Frau: »Wenn du findest, dass ich ein schlechter Hausmann bin und du konstruktive Vorschläge hast, schreib sie mir bitte auf, und ich werde mir Zeit nehmen, mit dir darüber zu sprechen. Wenn du einfach nur frustriert bist oder dich schuldig fühlst, dann finde bitte einen anderen Weg, um damit zurechtzukommen. So, wie du das im Moment handhabst, tut mir das weh, und es nimmt mir meine Freude und Energie.« Genau das haben wir Hausfrauen vor dreißig, vierzig Jahren geraten, und es hat öfter funktioniert, als dass es nicht funktioniert hätte.

Es ist schwierig, einen so eingefahrenen Konflikt im Alltag anzusprechen. Laden Sie Ihre Frau deshalb zu einem Gespräch am Abend ein: Nur Sie beide, machen Sie dafür einen richtigen »Termin« aus. Suchen Sie sich einen ruhigen Platz und sorgen Sie dafür, dass Sie nicht gestört werden. Setzen Sie sich gegenüber, sodass Sie sich gut anschauen können. Nun geht es darum, dass Sie von sich selbst sprechen. Erzählen Sie, wie es Ihnen geht, wenn Sie sich am Abend auf Ihre Frau freuen und dann diese Vorwürfe erfahren. Senden Sie Ich-Botschaften, denn ein persönlicher Dialog kann vor allem dann gelingen, wenn die Gesprächspartner wirklich persönlich werden und von ihren Empfindungen, Wahrnehmungen, Bedürfnisse und Wünschen sprechen. Dafür ist es wesentlich, dass wir in den Formulierungen achtsam sind, sodass kein verbaler Angriff auf den Gesprächspartner entsteht. Nehmen Sie sich eine Redezeit von 15 Minuten und bitten Sie Ihre Frau, nur zuzuhören. Nach dieser Zeit ist sie dann dran. Vielleicht kann sie Ihnen auch erzählen, wie ihr Tag so aussieht. Ziel ist es, dass Sie in einen Austausch kommen und dem anderen von Ihren Gedanken berichten, ohne Vorwürfe zu senden. Ein solches Gespräch kann Wunder bewirken und Entlastung herbeiführen, wenn nicht die Erwartung besteht, dass der andere etwas ändert, sondern der Austausch im Mittelpunkt steht.

Wir pflegen ein super Verhältnis zu den direkten Nachbarn. Vor einem halben Jahr haben sie ein Baby bekommen. Ein Schreibaby. Die beiden sind total am Ende. Eigentlich müssten wir Verständnis haben, aber das ewige Geschrei nervt. Inzwischen wachen auch wir jede Nacht davon auf. **DÜRFEN WIR UNS ÜBER DAS BABYGESCHREI BESCHWEREN?** Oder belasten wir sie damit unnötig? *Hannes L.*

Ich kann gut verstehen, dass die nächtlichen Störungen Sie nicht nur nerven, sondern durch Dauermüdigkeit vielleicht sogar regelrecht in Ihr Leben eingreifen. Trotzdem: Ihre Nachbarn haben es sich nicht ausgesucht. Sie leiden noch sehr viel mehr als Sie, denn für sie ist es nicht nur eine nächtliche Störung, sondern sie fragen sich ständig, was ihrem Kind fehlt, und leiden deswegen. All das wissen Sie selbst, Sie schreiben es ja auch. Was also sollte eine Beschwerde ändern? Die Nachbarn können ihr Kind nicht zurückgeben und gegen ein pflegeleichteres tauschen. Auch über die Möglichkeiten, Kinder zum Durchschlafen zu bewegen, gibt es sehr unterschiedliche Ansichten, ganz sicher bemühen die Eltern sich da längst. Vermutlich werden Sie alle noch eine Weile mit der nächtlichen Ruhestörung leben müssen. Machen Sie den ohnehin schon zermürbten Eltern nicht auch noch Vorwürfe, im Gegenteil: Trösten Sie. Bewahren Sie das gute Verhältnis, das auch in den nächsten Jahren wichtig für Sie alle sein wird. Versuchen Sie (ich weiß, das ist leicht gesagt!), Ihre Einstellung zu dem Problem zu ändern: Sagen Sie sich, dass jedes Kind irgendwann aufhört zu schreien, bleiben Sie gelassen. Nehmen Sie zur Not Ohrenstöpsel, und wenn Sie wach werden, freuen Sie sich, dass Sie nicht aufstehen müssen, um sich um das Baby zu kümmern.

Wenn Sie sich beschweren, werden Sie damit ziemlich sicher das »super Verhältnis« zerstören. Diese Eltern brauchen nicht noch eine Last auf ihren

Schultern, aber sie werden es vermutlich begrüßen, wenn Sie ihnen Hilfe anbieten: »Manchmal wachen wir vom Geschrei eures Babys nachts auf, deswegen glauben wir, dass ihr bestimmt erschöpft seid. Wir würden gerne helfen, wenn wir können . . . Vielleicht sprechen wir über euer Problem und kommen auf einen Lösungsansatz, der in eine völlig neue Richtung führt?«

Ich stimme überein: Beschwerden sind wenig konstruktiv, und Ihre Nachbarn brauchen vor allem Unterstützung und weniger zusätzliches Gejammer. Allerdings kann ich Ihr Bedürfnis nach einer ruhigen Nacht auch gut nachvollziehen! Natürlich dürfen Sie sich beschweren. Die Frage ist dennoch: mit welchem Ziel? Wahrscheinlich wird sich an der Gesamtsituation wenig ändern. Im Gegenteil, es wird vermutlich den Druck eher verstärken. Wenn Eltern das Gefühl haben, ihr Kind nicht beruhigen zu können, stellt das oft die gesamte Elternschaft infrage. Insbesondere für Mütter ist das eine Extremsituation, die den Selbstwert häufig nachhaltig beeinträchtigt. Den Dialog zu suchen ist vermutlich hilfreicher, als eine Beschwerde vorzubringen. Sie können gemeinsam überlegen, was Ruhe in die Situation der Eltern bringen kann. Vielleicht kann die Mutter tagsüber etwas zu Kräften kommen, während Sie einen Spaziergang mit dem Baby machen? Es gibt auch »Schreiambulanzen«, wo Eltern und Kinder betreut werden. Vielleicht hilft so etwas eher als eine einfache Beschwerde?

Ich, Mutter, dreier Kinder, bleibe abends manchmal länger im Büro, um mich um die Ins-Bett-geh-Sache zu Hause zu drücken. Einerseits habe ich dann immer ein schlechtes Gewissen, andererseits haben das Generationen von Männern vor und mit mir ja wohl auch so gemacht. **HEIMKOMMEN, WENN DIE KINDER SCHON SCHLAFEN, GEHT DAS?** Wie beurteilen Sie mein Verhalten? *Verena B.*

 Sehr nachvollziehbar finde ich Ihr Verhalten, vor allem nach einem langen Arbeitstag. (Und nicht, weil Männer das schon immer so gemacht haben – die haben ja auch viel Blödsinn gemacht.) Für Ihre Kinder ist es doch nicht nur schön, sondern wichtig, dass ab und zu mal der Papa die »Ins-Bett-geh-Sache« mit Ihnen macht, schon damit sie sehen, dass das nicht nur eine Frauenangelegenheit ist. Allerdings drängt sich mir ein anderer Gedanke auf: Wenn Sie erst so spät nach Hause kommen – also offenbar erst nach dem Abendbrot! –, ist das täglich so? Ist denn der Papa schon vorher da? Wichtiger als die Überlegung, wer ab und zu mal die Kinder ins Bett bringt und wer sich davor drückt, erscheint mir die Frage, wie häufig Sie beide und Ihre Kinder eine entspannte, fröhliche Zeit miteinander haben. Wenn das geregelt ist, können Sie sich an einzelnen Abenden ruhig mal drücken!

 Der Unterschied zwischen Ihnen und den vielen Generationen von Vätern vor Ihnen ist allein das schlechte Gewissen. Das Schwierige an Ihrer Frage ist jedoch die fehlende Angabe, wem gegenüber Sie ein schlechtes Gewissen haben: Haben Sie es Ihren Kindern gegenüber, Ihrem Ehemann gegenüber oder Ihrem Selbstbild als Frau und Mutter? Wahrscheinlich von allem etwas. Mein Vorschlag: Setzen Sie sich mit Ihrem Mann zusammen und sprechen Sie »kinderfreie Zeiten« ab. Vielleicht braucht er solche Zeiten selber nicht, aber das würde auf jeden Fall das

Gewissensproblem ihm gegenüber lösen. Mit den Kindern ist es schwieriger. Ein schlechtes Gewissen führt in der Regel zu emotionaler Distanzierung, und die Kinder werden das spüren. Bei drei Kindern wird eines zu klammern anfangen, eines wird auf Abstand gehen, und das dritte wird sich aufführen. Früher sagte man »nach Aufmerksamkeit suchen« dazu, aber was die Kinder eigentlich wollen, ist Klarheit. Die Botschaft ist einfach, aber kann emotional nicht einfach auszusprechen sein, zumal sie nicht in das traditionelle Bild einer Mutter passt: »Ich liebe euch über alles, UND ich will manchmal alleine sein.« Wenn es Ihnen gelingt, mit Ihrer Familie so ehrlich zu sein, dann können Sie die Zeit im Büro ohne schlechtes Gewissen genießen.

Es ist recht typisch für uns Mütter, dass wir ein schlechtes Gewissen entwickeln, wenn wir Zeiten für uns selbst beanspruchen. Ich erlebe das bei Männern generell weniger. Woher kommt das? Unsere eigenen Erwartungen an uns als Mütter sind enorm hoch. Wir wollen alles perfekt unter einen Hut bekommen. Kinder, Küche, Karriere ... Und selbstverständlich gelingt es uns dann auch noch, am Abend mit den Kindern den langen Tag liebevoll zu beenden. Doch die Wahrheit ist: Das kann niemand schaffen. Sie sind nicht die Einzige, die am Abend müde ist. Deshalb ist es wichtig, wahrzunehmen, wo eigene Grenzen liegen, und sich auch einzugestehen, dass man gerade Zeit für sich braucht, um wieder aufzutanken. Sie sind deshalb keine »schlechtere« Mutter. Vielleicht hilft es auch, noch mal zu spüren, dass man die Kinder nicht weniger liebt, nur weil man gerade jetzt die Belastung am Abend nicht gut aushalten kann.

Das Familientrio

Kirsten Boie ist Lehrerin und Autorin von mehr als hundert Kinder- und Jugendbüchern. Im Beltz Verlag erschienen von ihr u. a. die erfolgreichen »Juli«-Bücher, die sie gemeinsam mit Jutta Bauer veröffentlichte. Die Mutter zweier Kinder lebt bei Hamburg. • www. kirsten-boie.de • www.facebook.com/KirstenBoie • www. moewenweg-stiftung.de • www.ritter-trenk-film.de

Jesper Juul ist Familientherapeut und Autor zahlreicher Bestseller zum Thema Erziehung, u. a. »Leitwölfe sein. Liebevolle Erziehung in der Familie« (Beltz, 2016). Er hat einen Sohn und einen Enkelsohn und lebt in Odder/Dänemark. • www.jesperjuul.com • www.familylab.de • www.familylab.at • www.familylab.ch • www.familylabassociation.com • www.facebook.com/familylab • www. twitter.com/family_lab • www.ddif.de • www.igfb.dk

Katharina Saalfrank ist Pädagogin und Musiktherapeutin und in der Aus- und Weiterbildung von pädagogischem Fachpersonal (ErzieherInnen und LehrerInnen) tätig. Sie wurde als Fachberaterin der Sendung »Die Supernanny« bekannt. Die Autorin von Erziehungsratgebern und Mutter von vier Söhnen arbeitet in eigener Praxis in der Eltern- und Familienberatung und lebt in Berlin. • www.katiasaalfrank.de • www.familiensprechstunde-saalfrank.de • https://www.facebook.com/katiasaalfrank.de/ • https://www.instagram.com/katiasaalfrank/

Editorische Notiz
Dieses Buch entstand auf Grundlage der zwischen Oktober 2014 und April 2016 erschienenen »Familientrio«-Kolumnen in der Süddeutschen Zeitung.